Dieses Buch ist meiner lieben Tochter Isabel-Tess gewidmet.

GOGOL LOBMAYR

FASZINATION NATUR

DIE SCHÖNSTEN LANDSCHAFTEN DER ERDE

TECKLENBORG VERLAG

Umwelthinweis:
Der Inhalt dieses Buches wurde auf Papier
mit chlorfrei gebleichtem Zellstoff gedruckt.
Das Einbandmaterial ist recyclebar.

Die Deutsche Bibliothek - CIP Einheitsaufnahme
Faszination Natur: die schönsten Landschaften der Erde/
Gogol Lobmayr. - Steinfurt: Tecklenborg-Verl., 1996
ISBN 3-924044-27-9
NE: Lobmayr, Gogol

1. Auflage Oktober 1996

Titelfoto: Norbert Rosing, Paria Sandhills
Text: Freddy Langer, Frankfurt

Siemensstraße 4
D-48565 Steinfurt
Lektorat: Ingrid Mende, Münster
Layout und Karten: Norbert Wessels, Steinfurt
Titelseite: nach einem Entwurf von Günter Lenz, München
Lithoherstellung: Druckhaus Tecklenborg, Steinfurt

Printed in Germany
Druckhaus Tecklenborg, Steinfurt

Verlag und Autor garantieren, daß es sich bei den Fotografien in diesem Werk um Originalaufnahmen handelt, die digital nicht verändert wurden.

ISBN 3-924044-27-9

INHALTSVERZEICHNIS

Manchmal könnte man meinen, es gäbe ein Gesetz, das es verbietet, von Wüsten zu reden, ohne an die Klimakatastrophe zu erinnern, Bergtäler zu zeigen, ohne Müllawinen ins Bild zu rücken, über Tiere zu berichten, ohne im gleichen Atemzug auch Abschußquoten zu zitieren. So fest haben sich die Schreckensmeldungen der Welt in unseren Köpfen festgesetzt, daß es einem schwer fällt, beim Wort Natur nicht augenblicklich an Zerstörung zu denken. Sich hingegen auf die Schönheit einer Landschaft zu konzentrieren, sich bedingungslos überwältigen zu lassen: Das ist heute fast schon ein radikaler Gedanke. Wie ein Leitmotiv hat er Gogol Lobmayr mehr als fünf Jahre lang bei Dreharbeiten auf allen Kontinenten für seinen Film Faszination Natur begleitet. Ein Titel, der als Programm verstanden werden will.

Der Film: Das ist ein Gedicht in Bildern. Kein Kommentar unterbricht die magische Wirkung. Es gibt nichts als Bilder und Musik. Welch ein Rausch der Farben, der Formen und der Klänge, wenn Bild und Ton verschmelzen. Es ist, als tauchten die Wale zum Rhythmus der Melodien aus dem Meer, als erzeugten die Wolken jene Sphären-

klänge, zu denen sie tief am Himmel über die Weite des amerikanischen Westens ziehen, als töne die Musik direkt aus dem Urgestein mächtiger Gebirge, aus der Tiefe zerrissener Schluchten, aber auch aus den zarten Blättern des Schilfs, das sich sanft im Wind bewegt.

Die Dreharbeiten: Das ist ein Abenteuerroman. Vierzig Reisen hat Gogol Lobmayr mit seiner kleinen Crew unternommen, um die schönsten Landschaften der Erde zu suchen. Im Regenwald. In der Steppe. In der Wüste. Im Hochgebirge. Im ewigen Eis der Antarktis. Selbst auf dem Meeresgrund. Selten waren mehr als vier, fünf Personen unterwegs, oft nur zwei, bisweilen war Lobmayr sogar allein. So wurde der Film in vielerlei Hinsicht zu einer Grenzerfahrung. Wildnis: Das ist immer eine Herausforderung an den Körper, den Verstand und die Technik zugleich. Was macht man, wenn im äußersten Norden Kanadas bei minus dreißig Grad die Batterien und die Kamera den Dienst versagen? Was, wenn in der Libyschen Wüste nicht nur der Geländewagen in einem Salzsee bis zur Achse einbricht, sondern auch der Traktor, den man nach einem tagelangen Fußmarsch zur Hilfe herangeholt hat? Was, wenn man fernab des nächsten Flusses mit dem Stativ-

bein ein Loch in den letzten mit Wasser gefüllten Kanister gestoßen hat?

Der Film nimmt sich Zeit. Bedächtig werden die Szenen entwickelt, die Landschaften präsentiert. Fast zaudernd hebt der Kran die Kamera über einen Baum oder eine Düne. Ganz langsam schwenkt die Kamera über die Savanne. Beharrlich bleibt sie auf ein Motiv gerichtet. Naturgenuß verlangt nach Ruhe. Wenn aber Lobmayr und seine Begleiter von den Reisen erzählen, überschlagen sich mit einem Mal die Ereignisse. Dann reden alle gleichzeitig, weil jeder eine Geschichte zu erzählen weiß. Und noch eine. Und noch eine. Von etlichen platten Reifen ist die Rede, von abgebrochenen Hebeln an wichtigen Instrumenten und von einem gebrochenen Bein. Einer erinnert sich an den Grenzbeamten, der beim Anblick des vielen Gepäcks eine Steuer für Filmkameras erfunden hat und diese auch prompt einzog. Ein anderer an den tollkühnen Buschpiloten in Kanada, der so dicht über den Gletscher flog, daß die Räder fast das Eis berührten. Und der nächste an den afrikanischen Hubschrauberpiloten, der sich am Himmel verirrt hatte und kurzerhand im nächsten Dorf landete, um nachzufragen, wie er zurück nach Hause komme. Von dem Kapitän

eines Kreuzfahrtschiffes erzählen sie, den sie mit Hilfe einer Wissenschaftlerin an Bord und einer Flasche Slibowitz überzeugen konnten, vom ursprünglichen Plan abzuweichen und eine winzige Insel mit einer riesigen Pinguin-Kolonie anzulaufen. Und noch ein Seemann fällt ihnen ein: der kanadische Fischer, der betend und fluchend zugleich um sein kleines Boot bangte, als ein Wal direkt auf das Schiff zuschwamm und erst drei, vier Meter davon entfernt endlich abtauchte. Überhaupt die Tiere: Ein besonders mulmiges Gefühl sei es gewesen, als die Elefantenherde plötzlich gar nicht mehr friedlich wirkte und sich mit großen Schritten dem Wagen näherte. Das war in Kenia. Nein, das war schon Tansania. Sonst hätten wir doch den Wächter nicht bestechen müssen. Haben wir ja auch gar nicht. Aber der hatte doch dort sein Camp; da, wo die Löwen nachts gebrüllt haben. So erzählen sie; und so ist das vielleicht, wenn man mit Eiltempo im Zick-Zack-Kurs um den Globus reist. Jetzt, wo wir schon in Ägypten sind, könnten wir doch gleich in die Türkei weiter fahren, hatten sie irgendwann einmal während der Reise beschlossen. Wer die Welt als seine Heimat betrachtet, dem ist kein Ziel mehr fern. Anfangs ging es um Schönheit. Da war

der Blick auf die Landschaft noch von ästhetischen Vorstellungen bestimmt. Die Natur, wollte Lobmayr beweisen, sei die größte unter allen Baumeistern und zudem eine grandiose Künstlerin. Belege sammelte er zunächst im Südwesten der Vereinigten Staaten. Dort, wo der von Wind und Regen erodierte Sandstein zinnenbewehrte Burgen erkennen läßt, gotische Kathedralen, chinesische Pagoden, orientalische Minarette, klassizistische Säulen und bisweilen sogar Plastiken. Nicht von ungefähr heißen manche Steine dort „Drei Schwestern", „Elefanten Fels", „Kamel Fels", „Mauer der Fenster" oder „Garten der Königin". Dort auch, wo man jedes Fleckchen „Painted Desert" nennt, wenn Eisen, Mangan und Kupfer im Stein oxidieren und sich miteinander verbinden. Schwarz, braun, rot und rosa, gelb, violett und grün schimmern die Felswände mit ihren wirren Mustern wie die Leinwände eines abstrakt arbeitenden Malers. Mit jedem Wechsel der Witterung entstehen neue Werke. Vom feinen Sand im Wüstenwind werden sie täglich poliert.

Je länger die Filmcrew unterwegs war, desto mehr phantastische Gebilde aus anderen Regionen der Welt kamen hinzu: Dünen, Sinterterrassen, Eisberge, Küstenklippen, Korallenriffe und damit

endlich auch das Wunder des Lebens. Bilder wie aus den ersten Tagen der Schöpfung sammelte Gogol Lobmayr nun. Er tauchte zu den bunten Fischschwärmen der Südsee hinab. Er verfolgte die schier endlosen Gnu-Herden auf ihrem Zug durch die afrikanische Savanne der Masai Mara. Er wanderte zu den Berggorillas von Uganda und Zaire. Beobachtete Eisbären, Robben und Pinguine. Überall fand er Momente eines tief empfundenen Friedens. Die Welt, wie Gogol Lobmayr sie zeigt, ist die Welt in ihrer Epoche der Unschuld. Man könnte meinen, Lobmayr habe die Zeit zurückgedreht – sehr weit. Während der ersten Schöpfungstage könnte es so ausgesehen haben, als die Erde noch das Paradies war und es noch keine Menschen gab. Dem rasanten Lauf unseres Lebens, der Hektik des Alltags, setzen diese Bilder Ruhe und Beständigkeit entgegen. Die Natur wird zu einem Ort, an dem sich die Sehnsucht nach Harmonie erfüllt. Aber, geht es uns durch den Kopf, darf man sie heute denn überhaupt noch so darstellen? Ist das nicht weltferne Träumerei? Da flüstert uns schon eine Stimme ins Ohr: Nicht fragen, nur staunen. Während wir uns langsam darauf einlassen, erkennen wir, wie gut es tut, zu sehen, wie schön die Welt doch ist.

NEUSEELAND

Als der Himmel und die Erde, die sich solange innig umschlungen hatten, durch ihre Kinder getrennt worden waren und diese Kinder alle Pflanzen, Tiere und Menschen geschaffen hatten, war Maui, der göttliche Seemann unterwegs im endlosen Meer, warf seine Angel aus und fing einen Stachelrochen – ein riesiges Tier, so groß wie ein ganzes Land. Es war die Nordinsel Neuseelands, die an seinem Haken hing und die er aus dem Wasser gezogen hatte. Dann trieb sein Schiff in den Süden, wo es sich in ein zweites Eiland verwandelte. So entstand das Land, und Maui wurde zum Helden und Kulturschöpfer der Maori. Te Ika a Maui, der Fisch des Maui, und Te Wahi o Maui, Mauis Kanu, nennen die Maori die beiden Teile Neuseelands bis heute. Es sind unruhige Inseln. Fast könnte man meinen, der Rochen zucke und das Kanu schaukele, wenn, wie so oft in Neuseeland, die Erde grollt und die Vulkane kilometerhohe Aschewolken spucken. Zur Ruhe gekommen ist die Welt am anderen Ende des Globus noch nicht. Immer wieder bricht auf der Nordinsel der Mount Ruapehu aus, die Rauchende Grube. Unentwegt dampft es aus dem Schlund von White Island, in dessen Zentrum unter dem Meer ein Magmasee kocht. An vielen Orten blubbern Schlammtümpel, brodeln heiße Quellen und zischen Geysire aus dem Boden. Durch die Südinsel hingegen streckt sich eine Alpine Falte, die zu den größten und aktivsten Erdbebenzonen der Welt zählt. Wenn zudem die Gletscher der Südalpen bersten, zittert auch hier die Erde. Feuer und Eis liegen in Neuseeland nicht weit voneinander entfernt. Sie haben eine Landschaft geschaffen, die sich auszeichnet durch eine selten erlebte Vielfalt auf so kleinem Raum. Von kargen Hochebenen ist es nicht weit zu dichten Urwäldern, von schneebedeckten Gipfeln nicht weit zur Küste mit Fjorden, Stränden oder den seltsamen Klippen des Paparoa Nationalpark, die aussehen wie riesige Stapel von Pfannkuchen und zwischen denen die Brandung in Fontänen hindurchschießt. Dort präsentiert sich das Meer als der dritte Baumeister im Bunde.

Insel aus Feuer und Eis am anderen Ende der Welt.

Aotearoa, „Land der langen weißen Wolke", nannten vor tausend Jahren die Maori ihre neue Heimat, als sie nach einer langen Reise durch den Pazifik anlandeten. Vielleicht hatte es auch damals geregnet.

Stapeln von Pfannkuchen gleichen die Kalksteinfelsen im Paparoa Nationalpark. Deshalb heißen sie auch Pancake Rocks.

Ein Berg wie ein Bild – der ebenmäßige Mount Taranaki gehört zu den heiligen Orten der Maori. Nahe dem Gipfel bestatteten sie ihre Oberhäupter.

Eingebettet in die staubige Mondlandschaft der Vulkane Tongariro und Ngauruhoe wirkt der türkisleuchtende Emerald Lake wie aus einer anderen Welt.

BRYCE CANYON

Ebenezer Bryce war kein Mann großer Worte. Ein Satz nur ist von dem Rinderzüchter und Pionier überliefert, der 1875 aus Neuengland gekommen war, um sich im Süden Utahs niederzulassen. „A hell of a place to lose a cow", soll er angesichts der schroffen Mauern und filigranen Felstürmchen jener Landschaft gesagt haben: Ein verfluchter Ort, eine Kuh zu verlieren. Gras gab es zu wenig, Felsen und Grotten zuviel. Manche Herde verdurstete zwischen den wilden Steinformationen nur wenige Schritte von einem Bach oder See entfernt, weil die Tiere die zackigen Felsreihen nicht überklettern konnten. Von der Landschaft einigermaßen erschreckt, verließ Ebenezer Bryce sein kleines Blockhaus und zog weiter nach Süden, nach Arizona. Für die Schönheit dieser verzauberten Welt, in der riesige Steine auf schmalen Säulen balancieren, als sei die Schwerkraft aufgehoben, hatte er kein Auge. Dennoch wurde der Ort nach ihm benannt. Dabei hatten die Paiute-Indianer, schon lange bevor der erste Weiße die Gegend besuchte, eine wunderbar treffende Bezeichnung für die Landschaft. „Unka-timpe-wa-wince-pock-ich" nannten sie den steinernen Märchengarten, was soviel heißt wie Rote Felsen, die aufrecht stehen, wie Männer in einer Schale. Glaubt man ihren Erzählungen, sollte an dieser Stelle eine Stadt für den mächtigen Coyoten errichtet werden, so schön und einzigartig, daß die Arbeit offensichtlich niemals fertig würde. Erzürnt verwandelte der Coyote deshalb die Baumeister in Stein. Dann, so heißt es, habe er nach den Eimern mit den ungebrauchten Farben gegriffen und sie über ihnen ausgeschüttet. Wer am steil abfallenden Rand der Senke steht, die entgegen ihres Namens kein Canyon ist, sondern der Grund eines urzeitlichen Sees, glaubt sie noch immer zu sehen: die unvollendeten Häuser, Burgen, Schlösser und Türme. Und ebenso die großen Scharen von Arbeitern, aufrecht stehend, mit angelegten Armen und nach oben gestrecktem Kopf. Kleine Figürchen zu Tausenden, stämmige Riesen vereinzelt dazwischen.

Ein bizarres Amphitheater voller Mystik.

Hoodoos heißen die fein ziselierten Säulen im Bryce Canyon. Die markantesten aber haben eigene Namen erhalten – Thors Hammer etwa und Tempel des Osiris.

Daß die Schlucht einst am Grund eines Sees lag, erkennt man noch heute: Es scheint, als sei die Schwerkraft aufgehoben.

Als wollte die Natur den Begriff der Zuckerbäckerarchitektur unterstützen, fällt schon im frühen Herbst der erste Schnee über dem Bryce Canyon.

GREAT BARRIER REEF

Im Garten des Poseidon.

Es ist als trete man hinter einen Spiegel, in ein Reich der Phantasie, in dem die Gesetze der Schwerkraft aufgehoben sind, in der seltsame Wesen hausen und das Wachstum der Pflanzen eigenen Regeln folgt. Still ist es. Kein Laut ist beim Tauchen zu hören, außer dem eigenen Atem, der sich irgendwann in der Monotonie des gleichmäßigen Saugens und Blasens zu verlieren scheint. Langsam, wie in Zeitlupe, gleitet man hinab. Während sich die Schemen des Bootskiels im Gegenlicht auflösen, schälen sich bizarre Formen aus dem Dunkel. Nicht anders kann die Landung auf einem fremden Planeten sein. Alles ist fremd, so fremd, daß man unweigerlich nach vertrauten Bildern sucht, um sich zu orientieren. Manche Korallenfelder erinnern an Heidelandschaften, in denen sich das niedrige Gestrüpp kaum vom Boden hochrecken kann. Andere sehen aus wie Städte, mit einer aberwitzigen Architektur, in der sich Stockwerk über Stockwerk schichtet, schlanke Türme neben klobigen Festungen stehen, sich Trichter und Spiralen in die Höhe schrauben und unter ihnen, wie von einem Gärtner gepflanzt, winzige Bäumchen wachsen, deren lange, schmale Äste sich graziös in der Strömung bewegen. Und die Bewohner? Einige sind unheimlich. Sie leben zurückgezogen in Höhlen, nur ihre zarten Fühler, langen Tentakeln oder aufgerissenen Mäuler schauen heraus. Andere sind elegant. Mit Flügelschlägen gleiten sie durchs Wasser, als würden sie fliegen. Manche kommen neugierig auf den Fremden zugeschwommen. Und unentwegt huschen große Schwärme bunter Fische eilig vorüber. Korallenbänke sind die chemische Umwandlung von Kalk zu Kalkstein, verursacht von Polypen durch eine Symbiose mit den Algen und die Ausscheidung von Aragonitkristallen . So gesehen ist das Great Barrier Reef ein natürliches Bauwerk, genaugenommen das größte der Welt: immerhin zweitausend Kilometer lang, geschaffen von Milliarden und Abermilliarden dieser Polypen. Man kann die trockene Wissenschaft aber auch vergessen und sich in einem Märchenreich wähnen.

Korallen und Anemonen sind die Blumen im Garten des Meeres. Es gibt Hunderte von Arten und, so scheint es, Tausende von Farben.

Auf dem Meeresgrund ruhend, macht der Blaupunktrochen einen geradezu plumpen Eindruck. Doch wenn er schwimmt, übertrifft ihn kaum ein Tier an Grazie.

Wenn sich das Licht der Sonne in den Schuppen der kleinen Fische bricht, wird das Meer für einen Moment zum Sternenhimmel.

In den Legenden
der Matrosen tauchen die
Muränen als Seeschlangen
auf. Doch so gierig wie
sie aussehen und oft
dargestellt werden, sind
sie gar nicht.

KAPPADOKIEN

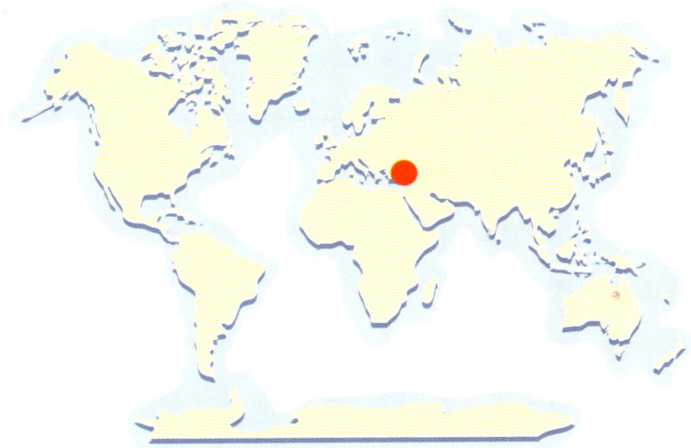

Ein blühendes Hochland soll das Innere Anatoliens vor Urzeiten gewesen sein. Dann brach der Erciyes Dağı aus, und auf einer Fläche von viertausend Quadratkilometern gab es fast nichts mehr als Asche, Lava und Tuff, weiches vulkanisches Sedimentgestein. Mehr als dreißig Millionen Jahre ist das her. Seitdem nagen Wind, Schnee und Regen an dem Land und kratzten ein solch engmaschiges Netz von Schluchten in den Boden, daß Tausende bizarrer Türme in der trostlosen Steppe stehen geblieben sind. Sie sehen aus wie Kegel und Pilze, bauchige Bienenkörbe und nadeldünne Minarette. Gemustert sind sie durch die Linien der verschieden alten Gesteine, gefärbt durch unterschiedliche Erze und Mineralien, die der Vulkan bei seinen Ausbrüchen aus dem Erdinnern herausgeschleudert hat. Es fehlt kaum eine Schattierung zwischen Blaßgrau, Gelb und Rosa, Malve, Rot und Dunkelbraun. Auf ihrer Spitze balanciert nicht selten ein Dach aus Basalt, schiefliegende Platten, die der Schwerkraft zum Trotz nicht herunterfallen. Was die Natur als Baumeister begonnen hat, vollendeten die Menschen. Früh hatten sie begriffen, daß es leichter ist, die Türme auszuhöhlen, als Steine zu Häusern übereinanderzusetzen. So schufen sie hier ganze Städte, teils in die Kegel hinein, teils in den Boden. Bis zu acht Stockwerke tief legten sie unterirdische Räume an, verbunden mit einem Labyrinth von Gängen, versorgt durch Zisternen und ein ausgeklügeltes Belüftungssystem. Es waren Fluchtburgen, in die sich die Menschen bereits zur Zeit der Hethiter im ersten und zweiten Jahrtausend vor Christi zurückzogen, während oben Kriege tobten. Später fanden verfolgte Christen Verstecke vor den Römern. Und noch später zogen sich Mönche in die Einsamkeit der Höhlen zurück und verwandelten die düsteren Kammern zu überwältigenden Kirchen, ausgemalt mit den herrlichsten Fresken. Göreme, einer dieser Orte, indem zu Hoch-Zeiten zwanzigtausend Geistliche lebten, heißt auf deutsch: Du sollst nicht sehen. Dann aber bröckelten die Wände, und jetzt liegen viele Kammern frei.

Eine Landschaft geprägt durch Asche, Lava und Tuff.

Dem öden Grau anderer Vulkanlandschaften setzen die Schluchten Kappadokiens ein weites Spektrum leuchtender Farben entgegen.

Ist die obere Gesteinsschicht härter als die darunter liegende, entstehen blätterpilzartige Felsstengel.

Märchenhafte Wesen, so glauben die Bewohner der Region, wohnten in den schlanken Kegeln und Säulen. „Peri Bacalari" nennen sie die Felsen deshalb: Feenkamine.

BORA BORA

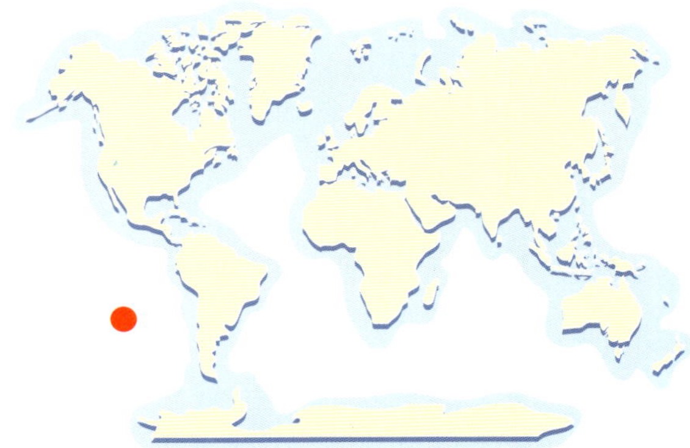

Bora Bora, diese winzige Insel in der Unendlichkeit der Südsee, kaum mehr als ein grüner Tupfen im majestätischen Blau und zarten Türkis, gleißenden Weiß und samtenen Schwarz eines sanft sich wiegenden Ozeans, ist die Erstgeborene unter den Kontinenten. Als das Eiland vor Urzeiten aus dem Wasser gehoben wurde, so überliefert es die Legende, soll auch die Sonne zum erstenmal über den Horizont geblinzelt haben. Es war ein Moment des Friedens und der Freude. Ein Augenblick des Überschwangs. Deshalb zeigte sich die Natur, als sie ihr Füllhorn leerte, so großzügig, daß es an Verschwendung grenzt. Überall blüht der Hibiskus. Gelb, rosa und rot. Überall wachsen Früchte. Ananas, Papayas, Avocados, Mangos, Bananen und Kokosnüsse. Es ist eine solche Fülle, daß der Mensch nicht nachkommt, sie zu ernten. Ein Paradies? „Pora Pora": Das soll Lautmalerei sein und zeichnet angeblich das Explosive, das plötzliche des Vulkans nach, der sich hier aus einem Wald von Farnen mehr als siebenhundert Meter in den Himmel reckt und dessen zerrissener Doppelgipfel ein eindrucksvolles Bild davon liefert, welche Gewalt im Innern der Erde herrscht. Doch selbst diesen vernichtenden Eruptionen setzten die Bewohner den weichen Klang in der Aussprache entgegen, als Ausdruck ihres Lebensgefühls. Für die ersten Europäer, die 1767 unter Kapitän Wallis in einer Lagune Tahitis vor Anker gingen, war die Begegnung mit diesen Menschen wie ein Traum. Ihre Kleidung aus Blumen, ihre wiegenden Tänze, ihre zarte Musik mit Schwirrhölzern und Stempelflöten, die Lippen der Frauen, mit Fruchtpollen geschminkt, vor allem deren sanfte Umklammerungen auf Matratzen aus Blüten. Folgenschwer berichteten sie, zurück in Paris, von dem einzigen Winkel der Erde, wo es Menschen gibt ohne Laster, ohne Standesvorurteile, ohne Bedürfnisse. Sie haben nur einen einzigen Gott: die Liebe. Sie glaubten das verlorene Arkadien wiedergefunden zu haben und stifteten mit ihren Berichten für alle Zeiten den Mythos vom Südseeparadies.

Paradiesische Insel im türkisgrünen Meer Polynesiens.

Daß Bora Bora
und Moorea einst mit
dem Donnern aus-
brechender Vulkane
aus dem Meer
geworfen wurden,
ist angesichts der
göttlichen Ruhe
schwer zu glauben.

Was hier
gepflückt wird,
wächst dort
wieder nach.

So üppig ist die Natur, daß die Bewohner der Südsee aus Blüten Kleidung anfertigen.

AFRIKAS SAVANNE

Wiege des Lebens,
Ort der Harmonie.

Man muß es gehört haben, wie Elefantenherden durch das Buschland trampeln, wie sie mit ihren Rüsseln Bäume ausreißen, daß das Holz nur so kracht, und wie sie mit lautem Trompeten jedem, der sich ihrer Herde nähert, unmißverständlich ein Zeichen geben, Abstand zu halten. Man muß es gesehen haben, wie Giraffen auf ihren zarten Beinen grazil durch das Grasland stelzen, sie wiegenden Schrittes die Landschaft abmessen und fast gelangweilt den Kopf noch ein wenig höher strecken, um den Bäumen das Laub aus den Kronen zu fressen. Und man muß es gespürt haben, wie die Erde zittert unter den Hufen der Zebras, der Gnus und der Antilopen, wenn diese Tiere zu Tausenden und Abertausenden über das Land galoppieren, als herrschten sie allein über die Weite. Nichts kommt der Vorstellung vom Garten Eden näher als die afrikanische Savanne. Hier hat sich ein Paradies erhalten, von dem man glauben möchte, auch wenn man es besser weiß, daß die Tiere dort noch ungestört leben und dem Jahrhunderte alten Zyklus ihrer Wanderungen folgen: von Fluß zu Fluß über das fette Gras des natürlichen Weidelands, von Tümpel zu Tümpel, später von Schlammloch zu Schlammloch, wenn die Regenzeit lange vorüber ist, das Gras zu Stroh geworden und der Wind den Staub der Ebene vor sich herträgt, schließlich zurück dorthin, wo alles begonnen hat und bald wieder die ersten Tropfen fallen. Es ist eine aufregende und eine wunderbare Migration durch ein aufregendes und wunderbares Land. Zweieinhalb Millionen Tiere sind unterwegs in der sanfthügeligen Ebene am Fuße schneebedeckter Berge. Vorneweg die Grasfresser, hinterher die Fleischfresser: Löwen, Geparde, Leoparden, Hyänen, Schakale, Marabus, Geier. Abseits der Massen streichen einzelne Nashörner umher. Und an den Ufern der Flüsse warten bereits die Krokodile. Afrikas Fauna ist eine der vielfältigsten der Welt. Kein Adjektiv, das hier nicht erfüllt, kaum eines, das nicht den Superlativ verdiente. Afrika ist der Kontinent, von dem es heißt, er sei in allem maßlos – in seiner Härte wie in seiner Schönheit.

Nur wo Wasser ist, ist Leben.
So wird während der trockenen
Sommer noch der kleinste Tümpel
zur Anlaufstelle der Tiere.

Wer später ein König wird,
darf sich dennoch
als Kind ganz und gar
unmajestätisch aufführen.

Haben die Geparden ein Opfer erspäht, ist die Flucht meist zwecklos. Die Raubkatzen laufen schneller als hundert Stundenkilometer.

Wenn das Wasser versiegt und das Laub der Bäume abgeknabbert ist, ziehen die Herden im ewigen Kreislauf weiter zu neuen Weidegründen.

Daß er als König der Tiere gilt, scheint dem Löwen nicht unbekannt. Standesgemäß sucht er sich seinen Thron auf hohem Fels.

Steigen die Flamingoschwärme aus den Flüssen auf, färbt sich der Himmel rosarot.

Imposant verteidigt das Flußpferd mit aufgerissenem Maul sein Revier.

VIRUNGA

Ein Name wie eine Warnung: Bwindi Impenetrable Forest. Tatsächlich ist der Wald fast undurchdringlich. Steil geht es über glitschige Hänge bergauf und bergab. Nur zentimeterweise kommt man voran, selten aufrecht, oft in kauernder Haltung, manchmal sogar kriechend. Wo die Dornen zu ruppig werden und das Buschwerk zu dicht, schlägt der Fährtensucher mit seiner Machete eine schmale Schneise ins Gestrüpp. Weit und breit gibt es keinen einzigen Pfad, nur dieses übermannshohe Gestrüpp, eher selten eine kleine, sumpfige Lichtung und hier und da alleinstehende Baumriesen, die Hagenien. In dicken Tropfen rinnt am frühen Morgen der Tau vom Laub, während die Nebelschwaden allmählich zu den Gipfeln der Virunga Berge aufsteigen. Der Regenwald im äußersten Südwesten von Uganda ist das letzte Stück Wildnis, das die Bewohner der Ebene noch nicht für die Landwirtschaft gerodet haben. Dorthin haben sich die Berggorillas zurückgezogen. Dreihundert dieser größten Menschenaffen leben hier in kleinen und größeren Familienverbänden. Noch einmal dreihundert leben jenseits der Grenze, an den Hängen der Virunga Berge in Ruanda und Zaire. Es sind die letzten ihrer Art. Zuerst nimmt man Zeichen wahr, hier einen abgeknickten Zweig oder niedergedrücktes Gras, dort einen Vogel, der aufgeregt schreit. Ein wenig später liegt der Duft von Moschus und Stallgeruch über dem Wald, und manchmal hört man das Geräusch brechender Äste oder sogar das dumpfe Pok-Pok des Brusttrommelns. Dann stehen die Gorillas vor einem. Gewaltige Tiere. Die ältesten der Sippe, die Silberrücken, wie sie wegen ihres hellen, glatten Fells heißen, zwei Meter groß. Einen Augenblick nur schauen sie neugierig auf, bis die Eindringlinge demütig in die Knie gehen und kaum zu atmen wagen. Dann reißen sie wieder büschelweise Blätter von den Sträuchern, fressen gemächlich weiter und kümmern sich nicht mehr ein einziges Mal um die Fremden. Eine Stunde dürfen die Besucher bleiben, ehe der Wildhüter das Zeichen zum Aufbruch gibt.

Das letzte Stück Wildnis der Berggorillas.

Im wolken-
verhangenen
Regenwald rund um
die erloschenen
Virunga Vulkane
haben die letzten
Berggorillas Zuflucht
gefunden.

Fressen, schlafen, weiterziehen: Von klein auf folgen die Affen diesem Rhythmus.

Berggorillas leben in geschlossenen Familienverbänden – manchmal nur drei, vier, oftmals bis zu dreißig Tieren.

Das Oberhaupt
jeder Sippe ist
der dominante
Silberrücken.

MONUMENT VALLEY

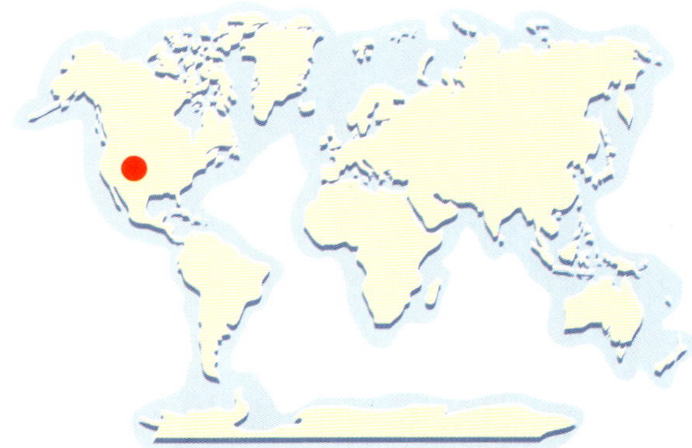

Wind und Wetter haben das Monument Valley geschaffen. Aus den weichen Ablagerungen von Erosionsmaterial der frühen Rocky Mountains haben sie herausgewaschen, weggespült und fortgeblasen, was weich und lose war, bis am Ende diese sagenhafte Landschaft aus Felsburgen und -kirchen, himmelstrebenden Totempfählen und den Abbildern versteinerter Kreaturen stehen geblieben ist. Erfunden aber hat diese Landschaft der Hollywood-Regisseur John Ford. Mit „Stagecoach" eröffnete er 1939 einen Reigen von Filmen, die bis heute so nachhaltig das Bild des Wilden Westens prägen, daß sich kaum je einer darüber gewundert hat, wie Ford selbst das Städtchen Tombstone an diesen Fleck verlegen konnte. Doch was zählte das auch gegenüber einer viel wichtigeren Erkenntnis? Denn daß sich die roten Felsen hier wie gotische Kathedralen dem Himmel entgegenstrecken, wurde als eine der überzeugendsten Illustrationen dafür begriffen, daß Amerika God's Own Country ist – Gottes eigenes Land. Ein heiliger Platz freilich war dieser Ort schon vorher den Navajos. Ihnen gehört das Monument Valley, und noch heute verbieten sie Besuchern den Zugang zu manchen Nischen des Tals. Welchen Ritualen sie dort nachgehen, darüber kann man nur spekulieren. Die sakrale Stimmung aber spürt man auch als Fremder, und sogar die Existenz von Geistern scheint einem hier plausibel. Obwohl die Navajos längst den Anschluß an die westliche Welt gefunden haben, glaubt man sich in ihrem Monument Valley zurückversetzt in die Geschichte. Manche der Indianer leben noch in Hogans, den kleinen, halbrunden Lehmhäusern. Und es vergeht kein Tag,

Die Kulisse der Western- und Indianerfilme.

an dem nicht ein Indianer auf dem Pferd seine Schafherde durch das karge Land treibt. Es muß eine Zeit gegeben haben, als der Boden fruchtbarer war, damals, als die Anasazi hier lebten, die Alten. Ihre Spuren führen zurück bis ins dreizehnte Jahrhundert, verlieren sich jedoch lange bevor die Spanier von Mexiko aus den amerikanischen Südwesten erkundeten. Vielleicht hat die Wüste einst geblüht.

Als hätten sie sich aus dem Boden geschoben, stehen die Felsen des Monument Valley in der leeren Weite …

... tatsächlich sind sie die Reste eines ausgewaschenen Plateaus.

IGUAZÚ

Es ist ein friedliches Land, durch das sich träge der breite Rio Iguazú windet. Tropische Natur, immergrün, nahezu unberührt. Ein paar weiße Reiher staksen durch das seichte Wasser des Ufers. Kaimane liegen wie leblos im Fluß, nur ihre Augen schauen heraus und blinzeln müde in der Sonne. Hin und wieder tönt aus dem Dickicht des Urwalds das freche Gekreisch der Papageien. Hier, sagen die Caingang-Indianer, hier sei es gewesen, daß Naipi, die schöne Tochter des Häuptlings Ignobi, und Tarobá, ein junger Krieger des Stamms, sich ineinander verliebten. Weil aber das Mädchen dem Schlangengott Mboi versprochen war, versuchte es in jener Nacht, die für die tödliche Vermählung ausgewählt war, mit dem Geliebten in einem Kanu zu fliehen. Vergebens. Bald schon hatte die Schlange das kleine Boot auf dem Fluß überholt. Wild vor Wut schlug sie um sich, peitschte das Wasser auf und spaltete schließlich in ihrem Zorn die Erde. Der Fluß stürzte in die Tiefe. Das Kanu wurde mitgerissen. Und noch ehe die beiden Liebenden aus dem milchigen Gischt wieder aufgetaucht waren, hatte Mboi sie verwandelt. Das Mädchen in einen Fels am Fuß der Wasserfälle, den Jungen in eine Palme. Auf ewig, das war der Fluch des Schlangengotts, sollten sie sich gegenüberstehen, ohne je noch einmal zueinander zu gelangen. Das titanische Lachen Mbois aber wird vom Lärm der Katarakte übertönt, diesem gewaltigsten und zerfasertsten aller Wasserfälle. Von einer fast drei Kilometer breiten, weit geschwungenen Front stürzen hier im Grenzgebiet Brasiliens, Argentiniens und Paraguays 275 einzelne Fälle achtzig Meter in die Tiefe. Wie weißkristallene Gardinen hängt das aufgeschäumte Wasser vor den Felsen. Unten überschlagen sich die Fluten, tosen, brausen, bis sie im Garganta del Diabolo, dem Teufelsschlund, dem Brodeln eines Hexenkessels gleichen. Nur wenige Meter entfernt aber legt sich das Spritzwasser entlang der Böschungen wie glänzender Lack auf Steine, Moos und Farne und verwandelt noch die geringsten Dinge in zauberhafte Spiegel.

Rauschende Wasservorhänge, donnerndes Getöse und gleißender Gischt.

Über mehr als drei Kilometer zieht sich die Front der Cataratas do Iguazú hin. 275 einzelne Wasserfälle.

Während sich der Dschungel mit Schattierungen von Grün begnügt, zeigt sich die Natur bei den Tieren verschwenderischer in ihrem Umgang mit Farbe.

ARKTIS

Leben in Eis und Finsternis.

Es gibt Nächte, da glaubt man das Nordlicht zu hören. Ganz leise. Als ein Knistern erst, dann als Rauschen. Schließlich ist es, als summten die Sterne eine Melodie, zu der die gespenstischen Formen über den tiefschwarzen Himmel tanzen. Sanfte Weisen, wenn die Lichter wie Vorhänge im Sturm des Universums wehen, sich öffnen wie ein Zelt oder zusammenrollen wie eine Decke. Stakkato, wenn Blitze in toller Hetzjagd über das Firmament gepeitscht werden. Von Rot zu Grün zu Blendendweiß wechseln die Farben. Ewige Dunkelheit, heißt es, herrsche den Winter über in der Arktis. Das ist nicht wahr. Wenn auch die Sonne für einige Monate hinter dem Horizont verschwindet, fällt doch zumindest das Licht eines Flammenmeers auf die Erde. Alles Leben erstarre den Winter über in der Arktis, hört man gelegentlich. Auch das ist nicht wahr. Unermüdlich trotten die Moschusochsen in kleinen Herden durch das Land auf der Suche nach Grasbüscheln. Auch der Polarfuchs kennt keinen Winterschlaf und streift schnüffelnd übers Eis. Es gibt sogar Vögel, die auf einen Flug in den Süden verzichten und sich stattdessen ein dichteres Federkleid anlegen: Schnee-Eulen etwa, Kolkraben und Gerfalken. Und für die Eisbären, die auf die lange Nacht in einer Höhle verzichten, bedeutet der Winter, daß es mit dem mageren Speiseplan der vergangenen Monate ein Ende hat. An der Hudson Bay, dort, wo der Churchill River an der flachen Küste in die riesige Bucht mündet und so das „Tor zur Arktis“ bildet, wo im Sommer die weißen Beluga Wale ihre Jungen zur Welt gebracht haben, versammeln sie sich und warten darauf, daß endlich das Meer gefriert. Dann verlassen sie die Tundra und ziehen auf dem Eis nach Norden, Robben zu jagen. Es sind mächtige Tiere, die größten Raubtiere der Welt, bis zu drei Meter groß und achthundert Kilo schwer. Weil sie kaum Feinde kennen, ist ihr Auftreten selbstsicher, geradezu majestätisch. Nur bei der Jagd nehmen sie sich zurück. Um nicht aufzufallen, ducken sie sich im Schnee und halten sich sogar die Tatze über die schwarze Nasenspitze. Plötzlich ist alles nur noch weiß.

Nebel liegt über der Hudson Bay. Das kalte Wasser wirkt so träge wie Öl.

Sein langer, gedrehter Stoßzahn macht den Narwal zum Einhorn der Meere.

Ihrer hellen Haut wegen werden die Belugas auch Weißwale genannt.

Wie Waffen sehen die mächtigen Hauer der Walrosse aus. Doch die Tiere lösen damit vor allem Muscheln von den Felsen.

Eisbären kennen keine natürlichen Feinde.
Ihre Kräfte können sie nur untereinander messen – meist bleibt es beim Spiel.

Um der Kälte zu trotzen, wachsen der Schnee-Eule sogar auf den Beinen Federn.

Mit seinem weißen Fell ist der Polarfuchs im Schnee bestens getarnt.

Wo der Churchill River in die Hudson Bay mündet, bringen im Sommer die Beluga Wale ihren Nachwuchs zur Welt.

Nur noch wenige der gigantischen Grönlandwale gleiten majestätisch zwischen den Eisbergen.

YELLOWSTONE

*Kochendes Wasser,
blubbernde Schlammlöcher,
fauchende Geysire –
ein Fleck Erde voller Zauber.*

Es gab eine Zeit, da dachte man beim Namen Yellowstone zuallererst an Tiere: an die Braunbären, die sich nicht scheuen, die Besucher in ihren Autos um Nahrung anzubetteln, und an die Büffel, die in großen Herden gleichmütig am Straßenrand stehen. Und man dachte an die verrückten Launen der Natur. Denn der Yellowstone ist eine Hexenküche. Wie kaum irgendwo sonst ließ sich die Natur hier die verrücktesten Farben einfallen. Heiße Quellen schimmern in metallischem Blau, die Erde und der Fels sind gelb, rot und violett getönt. Überall dampft und zischt es außerdem. Rauch steigt aus Erdspalten auf, und aus grauen Lehmfeldern spritzt heißer Schlamm. Der große Geysir, der seine siedende Fontäne mit solcher Regelmäßigkeit in den Himmel drückt, daß er den Namen „Old Faithful" erhielt, und die Sinterterrassen von Mammoth Hot Springs, wo man meint, ein Wasserfall sei zu Stein erstarrt, sind nur die prominentesten Beispiele für das allgegenwärtige Blubbern und Fauchen der Erde. Und natürlich gibt es auch einen Wasserfall – im Grand Canyon des Yellowstone. Das alles jedoch wurde nebensächlich als der Yellowstone im Sommer 1988 in Flammen stand. Es war ein Waldbrand, wie ihn Amerika nie zuvor erlebt hat. Mit Geschwindigkeiten von hundert Stundenkilometern jagten die Flammen über die Wälder und fraßen binnen Sekunden, was immer ihnen im Weg stand. Mehr als viertausend Quadratkilometer Wald waren am Ende verbrannt, etwa die Hälfte des Parks. Was blieb, war ein Bild des Grauens: verkohlte Stämme von einem Horizont zum anderen. Der Schock traf die Amerikaner besonders hart, denn als ersten Nationalpark der Welt verehren sie den Yellowstone wie ein nationales Heiligtum. Als sich freilich schon im folgenden Frühjahr das erste zarte Grün durch die verbrannte Erde schob, mußte jeder begreifen, daß der Waldbrand nur Teil des natürlichen Kreislaufes war. Die Landschaft des Yellowstone war nicht zerstört worden. Vielmehr hatten sich Flora und Fauna durch das Feuer verjüngt. Der Yellowstone war neu geboren.

Als der Trapper John Colter vor mehr als hundert Jahren von den Wundern des Yellowstone erzählte, glaubte man ihm kein Wort – und sprach verächtlich von „Colters Hölle“.

An vielen Stellen läßt die Erde Dampf ab, schießen die Fontänen der Geysire haushoch aus dem Boden.

Vor dem blendend weißen Kalkstein der Mammoth Hot Springs möchte man glauben, ein Wasserfall sei zu Stein erstarrt.

Mit stoischer Ruhe stapfen die Bisons des Yellowstone durch die weiten Täler. Die Herden gehören zu den größten der Vereinigten Staaten.

PAMUKKALE

Plätschernde Rinnsale, geronnene Kaskaden, dampfende Quellen.

Schnee, denkt man unwillkürlich, Eis und Schnee, und will es nicht fassen. Was, fragt man sich, haben diese unzähligen Eiszapfen in dieser trockenen, heißen Landschaft verloren? Dabei ist eher das Gegenteil der Fall. Denn hier ist nicht das kalte Wasser wild schäumender Kaskaden gefroren, vielmehr sind die sacht plätschernden Rinnsale einer stark kohlensäure- und kalkhaltigen Thermalquelle zu Stein erstarrt. Nie hat es diese sich über alles ergießende Flut gegeben, die einem die Sinterterrassen von Pamukkale heute vorgaukeln. Es waren immer nur Tropfen, die sich im Laufe von Jahrtausenden am Hang absetzten. Wie die Stalaktiten einer Tropfsteinhöhle bauten sich diese dicken Säulen ganz allmählich auf und wurden, eine dicht neben der anderen, zur wundersam geformten Einfassung der vielen Bassins. Es ist ein phantastisches Arrangement: Die Becken stehen nebeneinander, übereinander und schieben sich ineinander. So wirr und verspielt sind sie in den Berg gesetzt, als habe man sie nach dem Entwurf eines kubistischen Künstlers angelegt. Die heilende Wirkung des Wassers war bereits den Römern bekannt. Es helfe, glaubten sie, gegen Rheuma und Arthritisbeschwerden. Die natürliche Badeanlage jedoch entsprach nicht ihrem ästhetischen Sinn. So setzten sie oberhalb der Terrassen ihr eigenes Bad auf den Hang, den Kurort Hierapolis. Dort wurden die angeblich magischen Kräfte der heißen Quellen auch für religiöse Zwecke genutzt. Noch immer geben die Ruinen einen Eindruck von der antiken Anlage – einschließlich eines Tempels, eines Theaters und der Römischen Bäder mit ihren stattlichen, über wölbten Räumen. In unserem Jahrhundert hingegen fiel es vielen Besuchern schwer, sich der Faszination der Natur zu entziehen. Solche Massen stiegen in die Becken, daß die einst strahlendweißen Steine braun und grau geworden sind und in den Sinterterrassen deshalb das Baden verboten wurde. Schneeweiß freilich sind sie für die Türken nie gewesen, sondern baumwollweiß. Denn Pamukkale heißt übersetzt ins Deutsche: Baumwollschloß.

Wie eine Tropfsteinhöhle
unter freiem Himmel –
mit Hunderten von Stalagmiten
und Stalaktiten.

Stufe für Stufe haben die calciumkarbonathaltigen Thermalquellen kleine Bassins am Hang angelegt.

ANTELOPE CANYON

Daß die Natur eine Künstlerin sei, mit Wind und Regen die herrlichsten Plastiken schaffe und die Wände der Felsen mit abstrakten Mustern ziere, als seien sie Leinwände, das hört man im Südwesten der Vereinigten Staaten allerorten. Nirgendwo aber hat sie ihr Talent großzügiger verschwendet als im Antelope Canyon, dieser begehbaren Installation, in der sich Farben und Formen zu einem barocken Rausch vereinen. Wie fast alle Schluchten verbirgt sich auch der Antelope Canyon in der kargen Umgebung aus Sand und Stein. Nichts weist auf ihn hin, bis man an der Kante des Abgrunds steht. Gerade dreißig Meter stürzen die Wände hinab – eher eine Fußnote in dieser Landschaft der mächtigsten Canyons der Welt. Doch welch verführerischer Reiz geht von ihm aus? Als sei man einem Strudel ausgeliefert, wird man hineingezogen, immer tiefer in das Labyrinth dieser Schlucht mit ihrem unüberschaubaren Zickzackverlauf, und zugleich immer tiefer hinein in dieses Gefühl, der Welt zu entschweben. Nur schwach, wie durch den Stein gefiltert, kommt das Licht herunter. Dann aber bricht es sich hundertfach in den Mustern der Wände und wird von jeder Biegung neu reflektiert. So legt es noch die geringsten Schattierungen der Felsen frei. Hier dumpfe Töne, erdfarben, braun, manchmal grau – so, wie man es im Innern der Erde nicht anders erwartet. Dort aber zartes Rosa, flirrendes Gelb, glitzerndes Gold – ein Fest, wie eine Explosion des Himmels. Anderswo, zu anderer Zeit, mag Purpur den Eindruck bestimmen – die majestätischste aller Farben, der adäquate Ton für diese Umgebung. Das Wasser des Antelope Creek hat die Höhlungen und Wölbungen im Laufe von Jahrmillionen in eine versteinerte Sanddüne gefräst. Die Extreme der Witterung, heiße Sommer und eiskalte Winter, sorgen dafür, daß der Stein brüchig wird. Feine Sandkörner im Wind wiederum polieren die Wände. Aber jetzt ist von den Elementen nichts zu spüren. Mit nichts als Stille ist die Schlucht gefüllt, Stille bis an den Canyonrand.

Wellen aus Sandstein und Licht.

So verdreht und ineinander
verschlungen sind die Felsen des
Antelope Canyon, daß die Sonne
an manchen Stellen nur als
zentimeterdünner Strahl eindringt.

Die Felsen sehen aus, als hätte der Fluß, der die Schlucht einst schuf, dem Stein die Wirbel seiner Strömung aufgedrückt.

LAKE POWELL

Das Labyrinth – der See in der Wüste.

Wenn es ganz still ist am Lake Powell, die Strahlen der Sonne sich fast scheu über den türkisblauen See tasten und die Kulisse der nackten, roten Felsen wirkt, als sei sie erst eben aus dem Wasser aufgestiegen, dann könnte man meinen, der dritte Tag der Genesis sei gerade angebrochen, der Tag, an dem der Schöpfer Land und Wasser teilte, sah, daß es gut war, aber an Pflanzen oder Lebewesen noch keinen Gedanken verschwendete. Doch so ist es nicht. Und mit dem Herrgott hat der Lake Powell schon gar nichts zu tun. Menschen haben ihn geschaffen, als sie 1957 im Glen Canyon einen 213 Meter hohen Staudamm errichteten. Sieben Jahre dauerte die Bauzeit, und weitere siebzehn Jahre mußten vergehen, ehe sich 41 Trillionen Liter Wasser ansammelten und der See seinen endgültigen Pegel erreichte. Wie das feingliedrige System eines Pflanzenblatts wirkt er nun aus der Luft betrachtet, mit Hunderten, nein: Tausenden von labyrinthischen Verästelungen, die noch in die kleinste Nebenschlucht greifen. 3140 Kilometer Küstenlinie sind so entstanden, das ist mehr als der Pazifik zwischen Mexiko und Kanada hat. Das Ufer wechselt: Hier lange Strände, dort senkrecht aufragende Klippen, anderswo Quader, Türme und Monolithen, manche glattpoliert, andere feingeschichtet, zerrissen oder pockennarbig. Mit jeder Biegung eine neue Landschaft. Und irgendwo plötzlich die Rainbow Bridge, Nonnezoshi, wie die Navajos sagen: der zu Stein erstarrte Regenbogen. Es ist ein heiliger Ort der Indianer, früher nur nach einer tagelangen Wanderung durch die Wüste zu erreichen, heute eine der beliebtesten Anlegestellen für Ausflugsboote. Fünfundachtzig Meter überspannt der Bogen aus rosafarbenem Kayenta-Sandstein, knapp neunzig Meter steigt er in die Höhe. Das macht ihn zur größten Natursteinbrücke der Welt. Die Navajos sangen ein Lied, wenn sie unter dem Bogen hindurchgingen, um ihren bösen Zauber zu bannen. Ihre Legende sagt aber auch, der Schatten der Brücke vertreibe alle Sorgen und Nöte.

Als im Glen Canyon der Colorado gestaut wurde, entstand eine Traumwelt der Gegensätze: ein See in der Wüste.

„Nonnezoshi" nennen die Navajos die größte Naturstein-Brücke der Welt: der Regenbogen, der zu Stein erstarrt.

ANTARKTIS

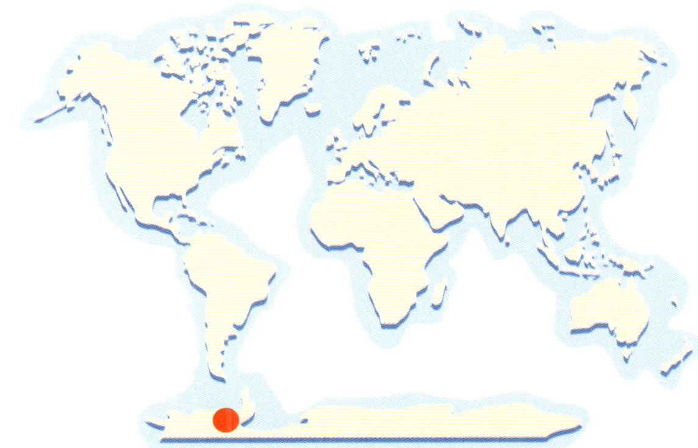

Die größte Wüste der Erde im unendlichen Weiß.

Schon tausend Jahre bevor sie entdeckt wurde, spukte die Antarktis in den Köpfen der Menschen herum; sogar auf Weltkarten war sie damals eingezeichnet, denn die Geographen glaubten, daß nur eine gigantische Landmasse am unteren Ende des Globus die Erde im Gleichgewicht halten könne. Aber selbst in unserem Jahrhundert blieb die Vorstellung von dieser Welt des ewigen Eises eher vage, geprägt vor allem durch die Berichte tollkühner Forscher wie Shackleton, Amundsen und Scott, die das Bild der Schneewüste in ihren Tagebüchern in so reinem Weiß gemalt haben, daß es seit Generationen als Projektionsfläche für die bizarrsten Landschaften und die phantastischsten Abenteuer taugt. Nirgendwo freilich sind die Naturgewalten extremer als hier. Die heftigsten Stürme hat man in der Antarktis registriert, mit mehr als dreihundert Stundenkilometern fegen sie über das Eis. Und die niedrigsten Temperaturen wurden hier gemessen, fast neunzig Grad unter Null. Es ist ein lebensfeindliches Land. Und doch kann man Momente eines geradezu paradiesischen Friedens erleben – den kurzen Sommer über, wenn sich Vögel und Meerestiere zu Hunderttausenden auf den kleinen Eilanden und in den weiten Buchten der Antarktischen Halbinsel versammeln, um ihren Nachwuchs zur Welt zu bringen. Dann liegen die Robben träge an den Kiesstränden und dösen in der Sonne. Dann stehen, so weit das Auge reicht, Pinguine beieinander und brüten ihre Eier. Wale ziehen sanft ihre Bahnen durchs Meer auf der Suche nach Krill. Und unmittelbar vor der Küste treiben Eisberge vorüber. Manche von ihnen sind riesige Inseln, mehrere Kilometer lang, mehrere hundert Meter hoch, aus dem Schelfeis gebrochen und von den Elementen zu schönen Architekturen geformt, mit Türmchen und Erkern, Fenstern und Toren: wie Schlösser einer Eisprinzessin; andere sind klein, durchsichtig wie aus Glas, so filigran, daß sie klingeln, wenn die Strömung sie aneinandertreibt. Der rauhen, unwirtlichen Natur setzen sie ihr zartes Lied entgegen.

Gerade Linien, schwungvolle Rundungen, gezackte Kanten: Eisberge kennen jede Form.

Wie eine Barriere schwimmender Burgen säumen Bruchstücke aus dem Schelfeis die Küste.

Kein Vogel besitzt ein dichteres Federkleid als der Pinguin. Selbst bei Minustemperaturen von vierzig Grad hält es ihn warm.

Obwohl Pinguine in riesigen Verbänden leben, erkennen Eltern ihre Küken an der Stimme aus der Menge heraus.

PATAGONIEN

Endlose Weite im Reich des Kondors.

Zuallererst ist Patagonien die eine Million Quadratkilometer große Ebene, in der kaum mehr wächst als niedriges Dornengestrüpp, in der man sich trotz der vielen gelbbraunen Grasbüschel in einer Wüste wähnt und über die unaufhörlich ein grausamer Wind fegt, der alles mit sich reißt, was nicht ausreichend befestigt ist, selbst den Erdboden. Weite, eine endlose Weite bestimmt dieses Land. Erst an den Rändern ändert sich das Bild. Im äußersten Westen, hart an der Grenze zu Chile, wo man nur deshalb noch in Patagonien ist, weil die Menschen zu faul waren, dieser Gegend einen eigenen Namen zu geben, erheben sich Berge. Es sind Giganten. Wie zinnenbewehrte Türme einer Burg stellen sich der Fitz Roy und die Torres del Paine drohend gegen die Unbill des Wetters. Der Mythos der Ureinwohner, der Aurakaner, erklärt sie zu steingewordenen Kriegern des Stammes. Stolz bieten sie dem eisigen Sturm die Stirn, vor dem die restliche Landschaft in die Knie geht. Denn nichts sonst steht hier aufrecht. Selbst die Bäume zu Füßen der Steinriesen wachsen waagerecht über den Boden. Das unwirtliche Klima wird vom patagonischen Inlandeis beherrscht, einem kalten Panzer, dessen viele Gletscherzungen sich weit in die Ebene hinunter strecken, wo sie mit ohrenbetäubendem Krachen und Knallen zerbersten. Hausgroße Stücke lösen sich und stürzen die zerklüftete Abbruchkante hinab in das tintenblaue Wasser des Lago Argentino. Stockwerkehoch spritzen Fontänen auf. Das Wasser bebt. Mit der Flutwelle rollt Donnergrollen über den See. Im Osten ein ganz anderes Bild: die staubige Mondlandschaft der Küste mit ihren erodierten Klippen. Hierher ziehen die Tiere des noch kälteren Südens, um ihren Nachwuchs zur Welt zu bringen. Ehrfurcht gebietende Seelöwen aalen sich mit ihren Harems in der Sonne. See-Elefanten liegen faul im Sand, schnauben hin und wieder, gähnen kurz und lassen sich erschöpft zurückfallen. Überall flitzen geschäftig kleine Magellanpinguine herum. Und im Meer, nicht weit vor der Küste, paaren sich die mächtigen Südkaperwale.

An aufwühlenden Momenten herrscht in Patagonien kein Mangel – ob nun der Perito-Moreno-Gletscher kalbt oder Delphine das Meer aufpeitschen.

Wie zottelige
Bärte hängen Flechten
und Moose von den
Bäumen und flattern
im nie endenden Wind.

Die Guanakos gelten als die
zierlichen Schwestern der Lamas. Sie
sind scheu und leben in den entle-
gensten Regionen der ohnedies
einsamen Landschaften Patagoniens.

NEUFUNDLAND

Insel auf dem Weg in die Neue Welt.

Neufundland ist das Land, an dem fast fünfhundert Jahre vor Kolumbus die Wikinger als erste Weiße amerikanischen Boden betraten. Es ist ein unwirtliches Land, in dem die Sommer kühl und die Winter eisig sind. Schon bald verließen Leif Eriksson und seine Leute die Gegend und zogen mit ihren Schiffen weiter nach Süden. Das Binnenland mit seinen Bergen, Wäldern und Tundren interessierte sie nicht. Damit stifteten sie eine Tradition. Noch heute geht der Blick der Neufundländer immer nur in eine Richtung: hinaus aufs Meer. Viele Siedlungen entlang der Küste sind auf dem Landweg nicht einmal zu erreichen. Outports werden sie genannt: Häfen nach außen. Und dort draußen? Was passiert im schwarzen Atlantik, der auch bei Windstille aufgewühlt scheint und dessen Temperatur selbst im Hochsommer kaum über den Gefrierpunkt steigt? Dort führt der Labradorstrom die gefrorenen Splitter der Arktis vorüber: endlose Kolonnen von Eisbergen, aufgereiht wie die blitzenden Perlen an einer Schnur. Es sind Gebilde von unirdischer Schönheit. Verführerisch glitzern ihre Kanten in der Sonne. Manche Eisberge sind weiß, andere blau, wieder andere pistaziengrün. Manche zackig wie ein schroffes Gebirge, andere gerundet. Und doch ist diese betörende Landschaft nur die Kulisse für ein viel größeres Ereignis: das Treffen der Buckelwale. Nichts übertrifft das grandiose Spiel ihres Auftauchens und Abtauchens an Eleganz, diese formvollendete Kurve. Kurz schaut der Kopf aus dem Wasser, verschwindet wieder, während sich sacht der Rumpf erst hebt, dann beugt, bis am Ende die Fluke über den Wellen steht und mit glattem Schnitt in die Tiefe verschwindet. Wie Tänzer bewegen sich die Kolosse, als führten sie ein Ballett auf. Es passiert aber auch, daß sie übermütig werden. Dann springen sie über die Wellen, peitschen mit ihren Finnen das Wasser auf – und manchmal, diesen Eindruck wird man nicht los, manchmal winken sie den Menschen, die in kleinen Booten auf dem Meer unterwegs sind, mit ihren riesigen Schwanzflossen zu.

Erst wenn Eisberge häufig im Wasser kippen, schleifen sich ihre scharfen Kanten zu sanften Formen ab.

Papageientaucher sind die Clowns unter den Meeresvögeln – ihres bunten Schnabels wegen, und weil sie im Flug zu tollkühnen Kapriolen neigen.

Der weißköpfige Seeadler ist der König am Himmel über dem nordamerikanischen Kontinent. Majestätisch, kaum je die Flügel schlagend, gleitet er durch die Lüfte.

NAMIB WÜSTE

Wenn es irgendwann nichts anderes mehr zu sehen gibt als das Blau des Himmels und Sand, überall nur noch Sand, als stünde man in der geronnenen Wellenlandschaft eines aufgewühlten Ozeans, dann erst hat man das Herz der Namib Wüste erreicht, das Sossous Vlei. Man glaubt sich im Zentrum des Nichts, und doch: Jeder Meter, den man weiter auf die dreihundert Meter hohen Dünen steigt, und jeder Meter, den man tiefer in die Wüste vordringt, bringt ein neues, noch faszinierenderes Bild. Neue Formen: Hügel, Höcker, Buckel, Kuppen und Kämme von Sand, die sich in langen Schwüngen dem Horizont entgegenschmeicheln. Neue Muster: ein eleganter Faltenwurf, vom heißen Wind in den Boden gezeichnet. Zarte Schichten, wie geschabt. Sanfte Wellen, wie hingestreichelt. Und immer wieder neue Farben: An manchen Stellen breitet die Wüste sich wie ein Totentuch aus, gleißend hell, ausgebleicht von der Sonne. Anderswo ist sie rosa und orange, umbra und zinnober, ocker, braun und violett. Und wenn abends die Glut der Sonne langsam erlöscht, leuchtet sie feuerrot, als stünde sie in Flammen. Die Wüste ist wie eine Welt am Beginn der Zeit: leer, noch ohne Geschichte. Sie ist ein Ort, an dem man nichts hört, an dem man nichts riecht und an dem man nichts spürt als auf der Haut das leichte Prickeln der Sandkörnchen, die der Wind vor sich herträgt. Namib: Das heißt in der Sprache der Nama „Große Leere". Und doch trifft man selbst hier auf Spuren des Lebens. Schwarze Käfer krabbeln am Fuß der Dünen entlang. Hin und wieder tanzt eine Eidechse über den heißen Sand. Manchmal steht stolz eine Oryx Antilope im Schatten der Kameldornbäume, die aussehen, als seien sie verkordelte Stahlseile, deren zerfranste Enden wie Hände in den Himmel greifen. Das Leben in dieser Region ist ein Geheimnis. Es kommt und geht wie der Fluß Tsauchab, der unter dieser Wüste hindurchfließt. Meist bleibt er unsichtbar. Nach heftigen Regenfällen allerdings füllt er die Senken mit Wasser. Dann kommen für ein paar Wochen sogar Enten und Flamingos. Und scheinbar vertrocknete Pflanzen beginnen zu blühen.

Ein aufgewühlter Ozean aus Sand.

Große weite Welt – nennen die Nama diese Senke der Namib.

Das Sossous Vlei erinnert an einen gewaltigen Ozean aus Sand. Manche der geschwungenen Dünen erreichen eine Höhe von 300 Meter.

Keine Wüste ist wirklich tot. Auch in der Namib gibt es genügsame Pflanzen und Tiere, die sich der Trockenheit angepaßt haben.

NIAGARA FÄLLE

Ort des ewigen Regenbogens.

Die Niagarafälle künden sich an, lange bevor man sie sieht. Man hört sie. Es ist ein tiefer, dumpfer Ton, geradeso, als vibriere die Erde. Schon aus der Ferne vernimmt man ein schwaches Brummen, später ein düsteres Grollen, und wenn man die Klippe fast erreicht hat, klingt es wie das Krachen eines Gewitters. Niagara: Treffender lassen sich die Fälle nicht beschreiben. Das Wort ist indianisch und heißt Donner des Wassers. Was dort donnert, sind drei Millionen Liter Wasser, die in jeder Sekunde über die Abbruchkante stürzen, mehr als fünfzig Meter tief. Wie ein Teppich hängt die Flut über der Felswand, gewoben aus dicken Stricken, grob in der Struktur, dennoch undurchdringlich. Nur ganz unten franst sie aus, spritzt als Gischtschleier zurück in die Höhe und schafft sich so ein Dach aus Nebel, in dessen zarten Tropfen sich die Strahlen der Sonne brechen. Gleich zwei Regenbögen spannen sich bisweilen über das Bild, und früher, als noch nicht der Lichterglanz der umgebenden Häuser die Nacht hell überstrahlt hat, soll bei Vollmond über den Fällen sogar ein Lunabogen zu sehen gewesen sein. Die Indianer hatten ihre eigenen Erklärungen für solche Phänomene. Manchen waren sie Liebespaare. Anderen Schlangen, die das Wasser trinken und deshalb eine Dürrekatastrophe herbeiführen könnten. Vielleicht galten diesen Tieren die Opfer, zwei Mädchen, die jedes Jahr in die tobenden Wassermassen geworfen wurden? Vielleicht sollten sie auch das entzürnte Brausen aus der Tiefe des Schlunds besänftigen? Geheuer waren die Katarakte auch den frühen weißen Besuchern nicht. Das Wilde des amerikanischen Kontinents und die Aussichtslosigkeit, ihn eines Tages zu bändigen, schien sich in den Wasserfällen zu verkörpern. Sogar gegen Mitte des neunzehnten Jahrhunderts näherte man sich ihnen noch mit einer Mischung aus Ehrfurcht und Entsetzen. Dann aber kam Oscar Wilde und blieb angesichts der brodelnden Gischt ganz der blasierte, britische Dandy. Aufregender, soll er gesagt haben, wäre es, wenn sie von unten nach oben fielen.

Unendliche Wassermassen
stürzen an den Niagara Fällen
in jeder Sekunde die
fünfundfünfzig Meter hohen
Klippen hinab.

*Bricht der Winter ein,
ergibt sich die mächtige Flut
den eisigen Temperaturen
und erstarrt.*

ROCKY MOUNTAINS

Türkise Perlen zwischen eisbepackten Gipfeln.

Nirgends machen die Rocky Mountains ihrem Namen größere Ehre als an ihrem nördlichen Ende, in Kanada. Nirgends sind sie steiniger, felsiger, zerklüfteter. Wie eine Mauer steigen sie über dem flachen Land der Prärie auf. Unüberwindlich wirken sie aus der Ferne. Man versteht, weshalb manche frühe Besucher ängstlich zurückwichen vor dem riesigen Wall. Vielleicht, dieser Gedanke drängt sich immer wieder auf, vielleicht hatte die Natur ihre wertvollsten Schätze hier verstecken wollen. Die kanadischen Rocky Mountains sind ein aufgepeitschtes Meer aus Stein. Wie tosende Wellen schwingen sich die Berge auf zu spitzen Gipfeln und stürzen steil ab, wo breite Gletscher im Laufe der Jahrtausende die Wände glatt gehobelt haben. Wie weißer Gischt liegt auch im Sommer Schnee über den langgezogenen Ketten. Wie von reißenden Strömungen getrieben schieben sich die tausendfach gespaltenen Gletscherzungen hinunter ins Tal oder hängen über senkrechten Wänden. Allenthalben brausen Bäche durch enge Schluchten und stürzen in schäumenden Kaskaden steile Klippen hinab. Aber dann plötzlich diese Bilder des Friedens: die Seen, Juwelen zwischen den grauen Bergmassiven. Spiegelglatt liegen sie inmitten der schroffen Natur, eingerahmt von dichten, düsteren Wäldern. Sie sind blau, grün und türkis. Es sind himmlische Farben – buchstäblich, wie die Stoney-Indianer wissen. Vor langer Zeit, erzählt eine ihrer Legenden, als die Welt noch von Riesen bevölkert war, hatte einer dieser Riesen den Regenbogen vom Himmel geholt, um ihn als Bogen für die Jagd zu verwenden. Vom höchsten Berg aus riß er ihn zwischen den Wolken heraus. Doch als er ihn mit seinen Händen packte, verblaßten die leuchtenden Farben. Wütend habe er ihn deshalb an eine Felswand geschleudert. Der Bogen zerbrach, und seine Splitter rollten hinunter in einen See. Kaum hatten sie sich im Wasser verteilt, begannen sie wieder zu strahlen. Der große Geist im Himmel aber schuf einen neuen Regenbogen, einen kleineren, wie die Indianer sagen, den, der noch heute zu sehen ist.

Gipfel, kristallklare Seen,
Büffelherden: In manchen
Tälern der Rocky Mountains
scheint die Zeit zurückgedreht.

Wenn die Natur wachsen darf
wie sie will, wird auch ein
Nadelwald zum Dschungel.
Das dichte Unterholz verstellt
den Weg wie eine Mauer.

Nur wenige Höhenmeter trennen das Idyll verträumter Flußtäler von der eisigen Macht der gewaltigen Gletscher.

GRAND CANYON

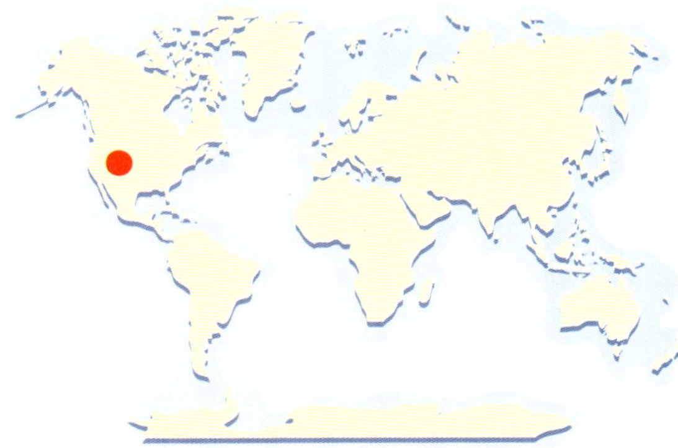

Man muß morgens kommen: Wenn goldener Nebel über der Schlucht liegt, den ganz langsam eine himmlische Hand so vorsichtig wie ein seidenes Tuch nach oben zieht. Man muß mittags kommen: Wenn die gleißende Sonne brutal noch die engsten Spalten ausleuchtet, wenn es fast nirgendwo Schatten gibt und dieser Schlund eine dämonische Kraft ausstrahlt. Man muß abends kommen: Wenn die Felswände das Licht in den dämmrigen Himmel zurückwerfen, das sie tagsüber aufgesogen haben, und man glauben möchte, die Steine leuchteten von innen. Einen ganzen Tag kann man am Rand des Grand Canyon verbringen, ohne je dasselbe Bild zu sehen und ohne ihn je zu begreifen. Niemand bleibt ungerührt. Zu mächtig ist der Eindruck, zu betroffen macht der Blick in die schier endlose Tiefe.

Wer vor diesem Abgrund nichts zu sagen hat, dem hat es allenfalls die Sprache verschlagen. Das ging den ersten weißen Besuchern so, spanischen Konquistadoren 1540, die meinten, den Eingang zur Hölle zu sehen und in ihren Tagebüchern deshalb nur Andeutungen über ihr Erlebnis machten. Und es war bei John Wesley Powell nicht anders, der den Grand Canyon 1873 als erster Mensch mit einem Boot durchfuhr. Die Landschaft ist zu mächtig, zu vielfältig, zu großartig für die Beschreibung mit Worten, kapitulierte er in seinen Aufzeichnungen vor dem anderthalbtausend Meter tiefen Graben. Dichter sprachen vom König der Wunder. Werbeagenturen bemühten Formulierungen wie Spektakel der Natur. Mit den Worten Horror! Tragödie! Stille! Tod! Chaos! versuchte ein Besucher im Gästebuch der Grand Canyon Lodge das Wesen der Schlucht zu fassen.

Ein Hauch von Ewigkeit, gewaltig, monumental, unvergänglich.

Dabei ist doch alles so leicht zu erklären: Vor 35 Millionen Jahren hob sich das Kaibab Plateau, der Colorado River floß deshalb schneller und fraß sich im Laufe der vergangenen zehn Millionen Jahre Meter für Meter so tief in den Boden, daß uns sein Bett heute zwei Milliarden Jahre zurück in die Erdgeschichte blicken läßt. Das freilich ist die Dimension, die uns Schaudern macht: Am Grand Canyon ist die Ewigkeit zu Stein geronnen.

Wenn morgens der Nebel aus der Schlucht aufsteigt, ist es, als öffne sich der Vorhang über einer Bühne.

Kein Stein ohne Namen: Walhalla und Vishnu Tempel, Venusberg und Turm des Ra. Nur mit dem Griff in die Göttersagen glaubte man, den mächtigen Formationen gerecht zu werden.

So leicht wie Puderzucker wirkt
die dünne Schneedecke, die sich im
Winter über die Felsen schmiegt ...

... und doch sind es nicht
zuletzt Eis und Tauwasser,
die Steine sprengen
und so die zerklüftete
Landschaft formen.

Für die Amerikaner ist der Grand Canyon der Schatz am Ende des Regenbogens. „Fern jeden Vergleichs, fern jeder Beschreibung. Ohnegleichen in der gesamten Welt", schwärmte Theodore Roosevelt, als er ihn 1908 zum Nationalen Monument erhob.

Wegen seines roten Tons
heißt der Fluß Colorado:
der Gefärbte. Dort aber, wo
er keinen Schlamm aufwirbelt,
schimmert er grün.

GUILIN

Mystische Motive der Dichtung und Malerei Chinas.

Die Fahrt mit dem Boot über den Li-Fluß ist eine Fahrt mittenhinein in ein chinesisches Landschaftsgemälde. Überall steigen steil wie Zuckerhüte Karstberge aus der flachen Landschaft. Manche so dicht am Ufer, daß man wie durch Schluchten fährt. Andere weit genug entfernt, daß Platz ist für Bambushaine, deren wiegende Halme sich als zitternde Linien im Wasser reflektieren. Platz für Bauern, die ihre Büffel hierher zur Tränke führen. Und Platz für Fischer, die Kormorane an einer Leine im Fluß tauchen lassen und ihnen später die Beute aus dem zugeschnürten Hals ziehen. Von weitem wirken die seltsamen Berge, als handele es sich um Gebirgsketten, unendlich viele hintereinander gestaffelt, jede ein wenig heller als die vorangegangene, bis die letzte in zartem Grau mit dem blassen Blau des Himmels zu verschmelzen scheint. Bald aber zeigt sich, daß all diese Buckel alleine in der Ebene stehen. Jeder umgeben von ein paar Häusern und ein paar Reisfeldern. Jeder mit seinem eigenen inhaltsschweren Namen: Löwe beobachtet Pferd, Gelbe Kleider im Wasser, Großvater sieht sich einen Apfel an. Nicht selten überfordern die Titel die Phantasie, manchmal ahnt man aber auch im vorhinein, wie ein Berg wohl heißt; etwa beim Xiangbi Shan, dem Elefantenrüsselberg. Ein Elefant, so heißt es, sei den Menschen zur Hilfe bei ihren schweren Arbeiten gesandt worden. Doch er war so faul, daß ihm der Himmelskaiser zornig einen Dolch in den Rücken stieß, während das Tier, um zu trinken, gerade den Rüssel ins Wasser getunkt hatte. Der Elefant versteinerte. Die Geologen wissen es besser: Muschelkalk hat sich hier abgesetzt, als vor dreihundert Millionen Jahren noch ein Meer das Land bedeckte. Als das Wasser verschwand, formten im Laufe von Jahrtausenden Wind, Regen und Flüsse die ungewöhnlichen Karstkegel. Fast jeder birgt eine Höhle, oft sind es Tropfsteinhöhlen, um die sich wiederum eigene Legenden ranken. Und da sind sie denn auch wieder, diese inhaltsschweren Namen: Schilfrohrflöten-Grotte, Grotte der zurückgegebenen Perle, Zuflucht des Drachens.

Was aus der Ferne wirkt wie ein Gebirge, löst sich beim Näherkommen auf in Hunderte einzelner Buckel.

Als ließe die Natur nichts anderes zu, fügt sich das beschauliche Leben der Bauern am Ufer harmonisch in das friedliche Bild.

MONO LAKE

Wenn der Wind von den Gipfeln der Sierra hinunter fällt ins Tal und in Wirbeln über den Mono Lake bläst, tanzen kleine Wolken aus Salz wie Geister über die Ebene. Es sind die Boten einer der gespenstischsten Szenerien Kaliforniens: der Tuff-Felsen des Mono Lake, des größten Kratersees der Welt. Stockwerkehoch recken sie sich an dessen Ufer in den Himmel. Schneeweiße Gebilde mit wilden Formen. Kegel, Kugeln, Minarette. Wie Korallen sehen manche aus, wie Pilze andere. Einige gleichen Fabelwesen, andere verwunschenen Burgen. Und jene, die aus dem Wasser ragen, wirken wie Eisschollen im Polarmeer. Ungetrübt allerdings kann die Begeisterung für diesen von der Natur geschaffenen Skulpturenpark nicht sein. Denn was man hier sieht, gehört nicht an Land zwischen wiegendes Schilf und trockenes Gras. Diese Felsen sind ursprünglich Teil einer einzigartigen Unterwasserlandschaft gewesen. Tuff ist verfestigte vulkanische Lockermasse. Sie fügt sich zusammen, wenn kalziumhaltige Frischwasserquellen unter salzhaltigem Wasser nach oben drücken und sich dabei Kalzium und Karbonat zu einer Art Kalkstein vereinen. Riesige Körper entfalten sich so, aber immer nur unter Wasser. Erreichen sie die Oberfläche, hören sie zu wachsen auf. So wurden die Tuff-Felsen jeweils zum Pegel für den Wasserstand verschiedener Epochen. Was sie anzeigen erschreckt. Seit Los Angeles 1941 begann, fünf von sechs Zuflüssen des Sees für seinen Trinkwasserhaushalt abzuzweigen, sank der Wasserspiegel so beträchtlich, daß viele Felsen heute hundert Meter und mehr vom Ufer entfernt sind. Bis vor kurzem drohte der Mono Lake, Kaliforniens schönstes Vogelparadies, sogar völlig auszutrocknen. Erst jetzt erreichten Naturschützer, daß er wieder aufgefüllt wird. Eine Entscheidung, für die es höchste Zeit war. Denn mittlerweile ist der Salzgehalt des Wasser so hoch, daß jegliches Leben im See zu sterben droht. Für die Vögel wäre dies eine Katastrophe. Mit dem steigenden Wasser allerdings werden nun viele der zauberhaften Naturplastiken wieder verschwinden.

Tuffsteinwunder zu Füßen der Sierra Nevada.

Myriaden von Shrimps und Fliegen leben im salzigen Mono Lake. Hunderttausende von Zugvögeln suchen ihn deshalb als Brut- und Futterplatz auf.

Sand- und
Tuffsteinstrukturen
am Navy Beach

Wie ein Unterwasser-Wald wachsen die Tuffsteine vom Grund des Mono Lake in die Höhe. Die Struktur ihrer feinen Verästelungen jedoch legen erst Wind und Regen frei.

LA DIGUE

Wie eine Handvoll Diamanten liegen die Seychellen im Ozean.

Das Wasser ist so klar, daß es aussieht wie Glas, oft farblos, hier und da in zartes Türkis getaucht, hin und wieder unterbrochen von marineblauen Flecken. Wie in Zeitlupe läuft es auf dem lichtweißen Strand aus und umspült so zart die mächtigen Granitblöcke im Sand, als wolle es sie streicheln – glattpolierte Buckel und Höcker, deren dunkles Grau von rosafarbenen Feldspat mit seltsamen Mustern durchzogen ist. Wie Skulpturen sind die Steine aufgereiht. Mal hoch, mal quer, manche auch übereinandergetürmt zu fremdartigen Bauwerken. Dazwischen stehen Kokospalmen, deren zerrissene Blätter sanft in der Brise schaukeln. Und darüber hängt der azurblaue Himmel, nur manchmal ein paar Schäfchenwolken, die himmlischen Gegenstücke zur geschwungenen Gestalt der Felsen. Dieselben Farben, dieselben Formen: Man könnte meinen, daß sich am Strand Source d'Argent der Himmel auf Erden wiederholt. Die Küstenlinie von La Digue ist zu schön, um wahr zu sein. Auch nach Stunden noch glaubt man, es handele sich um eine Halluzination. Es ist der bezauberndste Strand im gesamten Indischen Ozean. Hundertfünfzehn Inseln und Inselchen bilden den Archipel der Seychellen. Manche reichen mit ihrer Fläche gerade aus für eine Vogelkolonie, andere sind hundert und mehr Quadratkilometer groß. Viele schauen nur knapp aus dem Wasser, einige sind immerhin acht- und neunhundert Meter hoch. Daß keine durch Vulkaneruptionen und nur wenige aus Korallen entstanden sind, macht sie einzigartig in der Welt der Ozeane. Sie sind Relikte des sagenhaften Urkontinents Gondwanaland, der im Mesozoikum zersplitterte und sich auseinanderschob zu Südamerika, Asien und Afrika, Indien, Australien und die Antarktis. Ihre Granitfelsen sind sechshundert Millionen Jahre alt: Sie sind Erdurgestein. Die Bewohner erzählen von einzigartigen Erdstrahlen, die von ihnen ausgingen, und sagen ihnen heilende Kräfte nach. Ohne zu zögern nimmt man sie beim Wort. Aus einfachem Grund: Im Traum, und nichts anderes ist La Digue, ist alles möglich.

Kein Strand der Welt erfüllt die Vorstellung einer Robinson-Insel so vollkommen wie der Pointe Source d'Argent auf La Digue.

Manche Palmblätter sehen aus, als kopierten sie die Sonne mit ihren Strahlen.

Den Wechsel der Jahreszeiten kennen die Seychellen nicht. Fast immer leuchten deshalb Blumen und Büsche mit ihren bunten Blüten.

Die glattgeschliffenen
Granitfelsen von La Digue
sind sechshundert
Millionen Jahre alt.
Sie sind Erdurgestein.

Korallenriffe
brechen die Wellen,
bevor sie sanft den
Strand umspülen.

PARIA SANDHILLS

*Kein Traum, keine Fantasie –
ein architektonisches Meisterwerk
von Sand und Wind.*

Ja, es gibt sie noch, die verzaubernden Flecken von magischer Schönheit, die man mit niemandem teilen muß. Orte, an denen man keinem anderen Wanderer begegnet. Schluchten, von denen man meint, man habe sie als erster Mensch betreten – und wer weiß, ob es nicht wirklich so ist? Es sind Orte, die man zufällig entdeckt, wenn man sich vom letzten Parkplatz aus aufmacht in Richtung Nichts, mitten hinein in eine Landschaft, die auf der Landkarte eine weiße Fläche sein mag, in Wirklichkeit aber alles andere ist als farblos und leer. Im Vier-Staaten-Eck von Utah, Colorada, Arizona und Neu Mexiko findet man sie überall. Ausgetrocknete Flußbetten weisen den Weg hinein in ein Labyrinth der Canyons, führen durch die Wellentäler versteinerter Sanddünen, leiten an senkrecht aufsteigenden Wänden vorbei, die wie Vorhänge die Landschaft verdecken, sich aber schon nach der nächsten Biegung öffnen können, um wie auf einer Bühne einen kleinen Hain struppiger Bäume zu präsentieren, ein paar violett blühende Büsche, eine leuchtendbunte Blumenwiese, vielleicht auch nur eine Sammlung runder, polierter Steine in irgendeiner Nische. Gerade weil die Canyons so tief sind und die Felsen so hoch, daß man sich ohnmächtig fühlt gegenüber der grandiosen Landschaft, bleibt der Blick an diesen Kleinigkeiten haften. In ihnen findet er seinen Maßstab. Aber sie sind mehr als das. Sie sind kleine Wunder in der trockenen, staubigen Umgebung. Erst sie vollenden den Zauber, der das Wesen der Wüste bestimmt. Nur die ersten weißen Besucher hatten diese Magie nicht gespürt, die spanischen Priester Francisco Atanasio Dominguez und Silvestre Velez de Escalante. Ihre Suche nach einer möglichen Handelslinie zwischen Kalifornien und Santa Fe hatte sie vor mehr als zweihundert Jahren auch in den Paria Canyon geführt. Ihr Lager am Boden der Schlucht hatten sie Salsipuedes genannt: Verschwinde, wenn Du kannst. Dem Besucher heute fällt es schwer, der Aufforderung nachzu kommen. Die Natur hat ihn mit ihren Reizen umgarnt.

Niemand hat die Paria Sandhills bisher auf einer Karte eingezeichnet. Als wollte jeder ihr Geheimnis für sich behalten.

Wie Jahresringe eines Baums wirken die Sedimentschichten. Sie setzten sich im Laufe von Jahrmillionen ab – als das, was heute Wüste ist, noch der Meeresboden war.

NEUSEELAND

Kaum eine der Landschaften Neuseelands ist einzigartig auf der Welt. Ob Klippen, Strände oder Fjorde, Geysire oder dichte Dschungel, ob die eisbepackten Berge auf der Südinsel oder die Vulkane auf der Nordinsel: All diese Formen finden sich auch anderswo – nirgends jedoch auf so kleinem Raum. Zusammen ergeben die beiden Teile des Landes – getrennt durch die gut 20 Kilometer breite Cook Straße – nur eine Fläche von 266.000 Quadratkilometern. Neuseeland ist vergleichsweise jung. Erst vor etwa 80 Millionen Jahren wurden die Inseln durch die Tasman See von Australien getrennt. Ihre Lage auf der Grenze zwischen zwei riesigen Platten der Erdkruste sorgte für eine unruhige Entwicklung seiner Oberflächengestalt, die noch immer nicht abgeschlossen ist. Auffaltungen, Erdbeben und Vulkanismus schufen eine kantige und schroffe Landschaft. Noch heute sind schwere Beben und Vulkanausbrüche nicht ungewöhnlich. So unterschiedlich wie das Land ist das Klima. Mal machen sich die Einflüsse der tropischen Südsee, mal der eisigen Antarktis bemerkbar. Erst etwa vom achten Jahrhundert an wurde Neuseeland besiedelt. Die Maori kamen in Auslegerbooten von Polynesien. 1642 sah der holländische Seefahrer Abel Tasman als erster Europäer die Inseln, ging jedoch nicht an Land. Der erste weiße Besucher war James Cook im Jahre 1769.

GREAT BARRIER REEF

Das Great Barrier Reef ist das größte Korallenriff der Erde. Es säumt die nordöstliche Küste Australiens auf einer Länge von etwa zweitausend Kilometern; seine Gesamtfläche wird auf knapp eine halbe Million Quadratkilometer geschätzt. Nur nördlich von Cairns bildet es einen kompakten Wall, ansonsten setzt es sich aus knapp 3.000 Einzelriffen und mehr als 500 Inseln und Lagungen zusammen, unter denen sich mit Ausnahme von Atollen alle Riffarten des Meeres finden. Entsprechend abwechslungsreich ist die Flora und Fauna dieses Unterwassergartens. Fast alle Pflanzen und Tiere der tropischen und subtropischen Meere sind hier heimisch. Allein 400 Arten von Korallen wurden gezählt. Die Baumeister des Riffs sind die Steinkorallen, knapp einen Zentimeter große Polypentiere, die in engen Verbänden leben. Wenn sie sterben, verwest zwar ihr Körper, ein Kalkgerüst aber bleibt bestehen. Diese Skelette bilden im Laufe von Jahrhunderten Korallenstöcke in den ungewöhnlichsten Formen. Manche gleichen Scheiben, andere erinnern an Pilze oder weit verästelte Geweihe, wieder andere sehen aus wie ein menschliches Gehirn. Weil das Great Barrier Reef durch Abwässer aus der Landwirtschaft, die Ölindustrie, aber auch durch den Tourismus immer stärker gefährdet wurde, hat die australische Regierung 1975 einen Nationalpark gegründet. Dadurch wurden für 98,5 Prozent des Riffs bessere Schutzmaßnahmen möglich.

BORA BORA

Dutzende von Archipelen mit Tausenden von Inselchen liegen inmitten des größten und tiefsten Ozeans der Erde, des Pazifiks oder auch Stillen Ozeans. Manche sind vulkanischen Ursprungs, manche entstanden aus Korallenriffen. Von Mikronesien bis Polynesien ziehen sie sich zwischen dem nördlichen und dem südlichen Wendekreis je 3.500 Kilometer östlich und westlich der Datumsgrenze hin. Sie sind nur unscheinbare Punkte im Meer, kaum einer davon mit konkreten Vorstellungen verbunden – und doch alle eingebunden in eine Phantasie paradiesischer Zustände, den Traum der Südsee. Zu den schönsten dieser Archipele zählen die Gesellschaftsinseln, deren bekannteste wiederum Tahiti, Moorea und Bora Bora sind. Vulkane von mehr als 2.000 Meter Höhe ragen hier steil aus dem Meer und fallen nicht minder steil 3.000 Meter tief bis zum Meeresboden. Mit welcher Kraft diese Vulkane einst aus dem Wasser drückten, wird auf Moorea deutlich, wo sich der Vulkan bei seinem letzten Ausbruch zu einem nicht geringen Teil selbst fortsprengte. Die Inseln sind geprägt von gezackten Bergkuppen, tiefen Tälern mit hohen Wasserfällen, einer üppigen Vegetation und palmengesäumten Buchten. Wegen der umgebenden Riffe brechen sich die Wellen weit vor den Inseln. In den seichten Binnenlagunen schimmert das Wasser zwischen und über kleinen Korallenbänken in allen Schattierungen von Türkis bis Dunkelblau.

BRYCE CANYON

Am Rand des 2.500 Meter hohen Paunsauguntplateaus, einer aus Ablagerungen entstandenen Hochebene im Süden des amerikanischen Bundesstaats Utah, liegt der Bryce Canyon National Park. Er ist kein Canyon im eigentlichen Sinn, sondern ein halbkreisförmiges Becken. Vor 65 Millionen Jahren war es von einem riesigen See bedeckt, in dem Flüsse Massen von Schlamm und Sand deponierten, die sich unter dem Gewicht immer neuer Ablagerungen verfestigten. Als die Umgebung durch plattentektonische Vorgänge angehoben wurde, floß das Wasser nach allen Seiten ab, wodurch das Becken in zahlreiche kleine, strahlenförmig angeordnete Täler aufgeteilt wurde. Schnell begannen Regen und Schmelzwasser die Wände des weichen Gesteins zu formen. Sie sehen heute aus wie die Versammlung Tausender bizarrer Figuren und inspirierten die Paiute-Indianer zu der treffenden Bezeichnung „Unka-timpe-wa-wince-pock-ich“, zu deutsch: „Rote Felsen, die aufrecht stehen, wie Männer in einer Schale.“ Die Verwitterungsformen befinden sich in einer nur 150 bis 250 Meter dicken, tonigen Kalkschicht. Dennoch rangieren die Farben wegen der Eisen- und Manganoxyde im Fels in einer weitgefächerten Skala von weiß über gelb, orange und rosarot bis violett. Bei entsprechendem Sonneneinfall, besonders am Abend, scheinen die Felsen zu glühen. Besonders reizvoll ist die Landschaft im Winter, wenn Schnee über den Felsen liegt.

KAPPADOKIEN

Die gewaltigen Vulkane Erciyes Dagi (bei Kayseri) und Hasan Dagi (bei Nigde) schufen die einzigartige Landschaft Kappadokiens im Herzen der Türkei. Unter ihrer Asche begruben sie vor mehreren Millionen Jahren ein 4.000 Quadratkilometer großes Gebiet. Das weiche und poröse Material jedoch bot, selbst nachdem es sich verdichtet hatte, Regen und kleinen Flüssen nur geringen Widerstand. So wusch das Wasser aus dem Tuffgestein zahllose Erdpyramiden und Felskegel heraus, die nun in engen Gruppen oder als wuchtige Solitäre unter anderem in den Tälern von Göreme, Sognali und Ihlara stehen. Die gelben, grauen und braunen Zuckerhüte sind bis zu dreißig Meter hoch. Auf manchen balancieren große Decksteine aus widerstandskräftigerem Material – etwa verhärteter Tuff oder Felsbrocken, die ebenfalls von den Vulkanen ausgespuckt wurden. Auch der Mensch hinterließ seine Spuren in dieser unwirklichen Landschaft. Vermutlich schon während der Bronzezeit begann er Höhlen in die Bergkegel zu schlagen. Zur Römerzeit dienten Wohnungen in den Felsen den verfolgten Christen als Versteck. Vom vierten Jahrhundert an entwickelte sich das Tal von Göreme zum Wallfahrtsort, und in den folgenden Jahrhunderten bauten Mönche mehr als fünfhundert Kirchen und Klosterhallen in die Berge. Viele sind mit prächtigen Fresken ausgemalt und geschmückt.

AFRIKAS SAVANNE

Die Savanne ist die Vegetationsformation der wechselfeuchten Tropen mit geschlossenem Graswuchs und in größeren Abständen voneinander wachsenden Bäumen. Sie ist die klassische Landschaft Afrikas. Im Herzen des Kontinents erstreckt sie sich über mehrere Staaten. Die beeindruckendsten Weiten liegen in Zaire und Sambia, Kenia und Tansania; die bekannteste ist die Serengeti, wo mehr Großwild lebt als in jedem anderen Gebiet der Welt. Tiere können in solchen Mengen auftreten, daß die Herden von einem Horizont zum anderen reichen. Allein anderthalb Millionnen Gnus sowie eine weitere Million Zebras, Gazellen und Büffel leben hier. Klimaänderungen im Laufe des Jahres zwingen die Tiere zu weiten Wanderungen. Wenn im Frühjahr im Süden die Regen nachlassen, ziehen sie in Richtung Nordwesten in die Baumsavanne, später nach Norden ins Massai-Mara-Gebiet. Mit Beginn der Regenzeit im Oktober kehren sie in den Süden zurück. Das Leben der Tiere ist nicht so ungestört, wie es bisweilen den Eindruck macht. Nicht nur werden sie von Raubtierrudeln begleitet. Vor allem Siedlungen und Landwirtschaft schränken ihren Lebensraum immer mehr ein, und durch Wilderei sind einige Arten vom Aussterben bedroht – ein Los, das die Berggorillas in den Virunga Bergen des Dreiländerecks Zaire, Uganda und Ruanda besonders hart getroffen hat.

VIRUNGA

Im Dreiländereck Zaire, Uganda und Ruanda leben noch etwa 600 Berggorillas in vier- bis dreißigköpfigen Familienverbänden. Obwohl sie sich weit in die Berge der Virunga Vulkankette zurückgezogen haben, sind sie nach wie vor bedroht. Gerade der oft kritisierte Gorilla-Tourismus, der unter strengen Auflagen kleine Besuchergruppen zu ausgewählten Affenfamilien bringt, scheint nun endlich einen einigermaßen erfolgreichen Schutz der Tiere zu sichern.

MONUMENT VALLEY

Das Monument Valley ist kein Tal; im Gegenteil. Vor etwa 70 Millionen Jahren stieg das Land, das zuvor vom Meer bedeckt war, auf und bildete ein riesiges Hochplateau. Während das Wasser abfloß, boten bereits erste Risse im Boden Wind und Regen Angriffsflächen. Seither erodiert der Sandstein, und heute ragen nur noch einzelne monolithische Felsen in den eigentümlichsten Formen aus der Ebene. Manche sehen aus wie Totempfähle, andere wie Zinnen, Burgen und Brücken. Die markantesten unter ihnen erhielten beredte Namen: Three Sisters, Elephant Butte, Artist's Point. Ihren größten Zauber entwickelt die Landschaft in den frühen Morgenstunden und während des Sonnenuntergangs, wenn die Felsen violett und in tiefem Rot zu leuchten beginnen. Das Monument Valley liegt im nördlichen Teil der Navajo Indian Reservation auf der Grenze von Utah und Arizona. Seit 1960 steht es als Navajo Tribal Park unter Naturschutz.

IGUAZÚ

Als wolle der Rio Iguazú nicht sang- und klanglos im Rio Paraná aufgehen, schuf er inmitten des subtropischen Urwalds den wohl schönsten Wasserfall der Welt. Von der fast drei Kilometer langen, u-förmig gebogenen Front, stürzt das Wasser mit unvergleichlichem Getöse in 275 einzelnen Katarakten – jeder mit eigenem Namen – etwa achtzig Meter in die Tiefe. Während der Regenzeit, wenn der Rio Iguazú besonders viel Wasser führt, können in jeder Sekunde bis zu zehn Millionen Liter Wasser die Felsen hinunter in die Basaltschlucht donnern. Am Fuß der Wasserfälle drängt sich die tosende Flut in den nur zwanzig Meter breiten, einen Kilometer langen Canyon „Garganta del Diabolo". Der feine Wasserschleier in der Luft sowie der ständig vom Fluß herangespülte nährstoffhaltige Schlamm lassen rund um die Wasserfälle eine prächtige Vegetation gedeihen. Jede Klippe und noch der kleinste Felsen im Wasser scheint üppig bewachsen. Neben Bambus, Baumfarnen und Trompetenbäumen, Ananasgewächsen, Begonien und Orchideen, wachsen auch hohe Palmen und Zedern. Die Iguazú Wasserfälle liegen im Dreiländereck Paraguay-Argentinien-Brasilien.

ARKTIS

Ursprünglich hatten die Ornithologen des Canadian Wildlife Service, die im Frühjahr 1969 in Manitoba die menschenleere Region westlich der Hudson Bay untersuchten, nach Brutplätzen der Schneegänse gesucht. Was sie stattdessen fanden, war ungleich sensationeller: Eisbären in solch großer Zahl, wie man sie in den relativ gemäßigten Zonen der Subarktis nie vermutet hätte. Etwa zweitausend dieser Tiere werden in der kaum zugänglichen Tundra zwischen Hudson- und James Bay vermutet, einer Landschaft geprägt von Sümpfen und Morast, in die Endmoränen hineinragen und aus der sich hier und da Fichteninseln erheben. Weil sich das Meer bei Ebbe bis zu fünfzehn Kilometer zurückzieht, ist die Region auch von der Küste her kaum zu erreichen. Wie eine Barriere versperrt dann ein breiter Schlickstreifen den Weg. So fanden die Bären ein Refugium, in dem sie ungestört die Sommermonate verbringen und sich mehr schlecht als recht von Beeren, Gräsern und Tang, Jungvögeln, Mäusen und Fischen ernähren. Nur im Winter, wenn die Bucht zufriert, ziehen sie für einige Monate auf dem Eis nach Norden, um Seehunde zu jagen. Unweit der Ortschaft Churchill, der nördlichsten Siedlung Kanadas, die mit der Bahn zu erreichen ist, und zugleich Kanadas einzigem subarktischem Hafen, liegt einer ihrer vielen Sammelorte vor der langen Wanderung. „Churchill ist das Tor zur Hohen Arktis", nennt sich die „Eisbären-Kapitale der Welt" und arrangiert den Herbst über in Tundra-Buggies, großen Geländewagen mit riesigen Reifen, Ausflüge zu den Polarbären. Doch auch während der Sommermonate findet man eine vielfältige Fauna rund um die Hudson Bay. Mehr als zweihundert Vogelarten brüten in der Tundra. Außerdem leben hier Otter, Biber, Wölfe, Polarfüchse und Karibus. An der Küste gibt es Robbenkolonien, und dort, wo der Churchill River in die Bucht mündet, bringen im Sommer Hunderte von Beluga Wale ihre Jungen zur Welt.

YELLOWSTONE

Wohl 600.000 Jahre ist es her, daß im Gebiet des Yellowstone zum letzten Mal ein Vulkan ausbrach. Zur Ruhe aber ist die Erde dort bis heute nicht gekommen. Unter der riesigen Caldera, dem 50 mal 70 Kilometer großen vulkanischen Kessel, der damals absackte, nachdem sich die Magmakammer entleert hatte und ihr Dach eingestürzt war, kocheln nach wie vor Magmaherde. In einer Tiefe von ein bis zwei Kilometern verwandeln sie Grundwasser zu Dampf und lassen durch Spalten in der Erde Kohlendioxid und vulkanische Gase aufsteigen. Wie zarte Schleier hängen die Dampfschwaden über dem Land. Die größere Sensation des Parks aber beobachtet man dort, wo das erhitzte Grundwasser wegen einer darüberliegenden Wassersäule nicht als Gas entweichen kann. Dann entsteht ein Überdruck, der schließlich die Wassersäule aus der Quellöffnung preßt und als Fontäne in die Höhe schleudert: ein Geysir. Etwa 200 dieser Geysire hat man im Yellowstone gezählt – die meisten sind nur ein bis zwei Meter hoch, manche jedoch mehr als fünfzig. Trotz dieser regen Aktivität heißt es von dem sogenannten „Hot-Spot-Gebiet", es befinde sich momentan in einer Ruhephase. Für die kommenden 100.000 Jahre allerdings werden solch kräftige Ausbrüche erwartet, daß sich das Gesicht des gesamten Landstrichs verändern wird. In geringerem Umfang passiert das freilich auch jetzt schon: etwa 1959 durch ein heftiges Erdbeben und 1988 durch den größten Waldbrand in der Geschichte der Vereinigten Staaten. Zum erstenmal wurde das Gebiet des Yellowstone in der Nordwestecke Wyomings im Jahr 1871 ernsthaft erforscht: von dem amerikanischen Geologen Ferdinand Hayden. Er war von der Landschaft so angetan, daß er sofort nach seiner Rückkehr den amerikanischen Kongreß in Washington mit großem Engangement von der Notwendigkeit überzeugte, sie unter Naturschutz zu stellen. Bereits im folgenden Jahr wurde der Nationalpark gegründet. Es war der erste der Welt.

PAMUKKALE

Pamukkale, 18 Kilometer entfernt von der Stadt Denizli gelegen, ist eine in der Türkei einmalige Erscheinung. Kalziumkarbonathaltige Thermalquellen haben an einem Hang Sinterterrassen geformt, in denen sich auf zahlreichen Ebenen wie in kleinen Bassins das warme Wasser sammelt. Die Becken sind von Stalaktiten umrahmt, was ihnen einen geradezu surrealistischen Anstrich verleiht. Ein Bad in dem 36 Grad warmen Wasser galt bereits den Römern als Therapie gegen Rheumabeschwerden. Deshalb gründeten sie 190 vor Christi hier den Kurort Hierapolis. In jüngerer Vergangenheit nutzten die Bewohner der Region auch die Eigenschaft des Wassers, die Färbung von Schafswolle haltbar zu machen. Da neuerdings immer mehr Bauern, aber auch Hotels, Wasser für den eigenen Bedarf abzapfen, sind viele der Becken heute oft leer.

ANTELOPE CANYON

Zwischen dem Grand Canyon und dem Glen Canyon, den monumentalen Aushängeschildern Arizonas, hat der Antelope Creek nur wenige Kilometer außerhalb der Stadt Page die vielleicht bezaubernste Schlucht des an Schluchten nicht eben armen Bundesstaats geschaffen. In engem Zick-Zack-Kurs fraß sich der kleine Fluß im Laufe von Jahrmillionen durch eine Sandsteinbarriere. So entstand ein schmaler, oft kaum ein Meter breiter, allerdings bis zu dreißig Meter tiefer Graben mitten durch den Fels. Indianer fahren Sie mit Fahrzeugen im Flußbett bis zur Felswand. Magisch wird man hineingezogen und folgt dem gewundenen Wanderweg, den die mäandernde Schlucht vorgibt. Scharfe Kanten, sanfte Wölbungen und tiefe Höhlen wechseln einander unvermittelt ab. Mit jeder Minute ändern sich die Farben im Licht der spärlich einfallenden Sonne.

LAKE POWELL

Der 2.340 Kilometer lange Colorado River ist die Lebensader des Südwestens der Vereinigten Staaten. Fast 20 Millionen Kubikkilometer Schmelzwasser transportiert er jedes Jahr aus den Rocky Mountains in die Wüste. Es wird heute so intensiv genutzt und verbraucht, daß der Fluß den Golf von Mexiko nur noch als schmales Rinnsal erreicht. Mehr als zwanzig Staudämme helfen, das Wasser in den dürren Landstrichen zu verteilen. Zu den großen unter ihnen zählt der 213 Meter hohe Glen Canyon Damm, der den Fluß zum zweitgrößten künstlichen See der Welt aufstaute: dem fast 300 Kilometer langen Lake Powell auf der Grenze von Utah und Arizona. Benannt wurde er nach Major John Wesley Powell, der 1869 als erster mit seinem kleinen Trupp den Colorado River mit dem Boot erforschte und dabei den Glen Canyon und den Grand Canyon in seiner vollen Länge durchfuhr.

ANTARKTIS

Nirgends auf der Welt herrschen lebensfeindlichere Bedingungen als in der Antarktis. Allein der schmale Zipfel der antarktischen Halbinsel, auf alten Karten als Palmerland und Grahamland eingezeichnet, bietet wegen der wärmespeichernden Eigenschaft des Meeres und der feuchten Seeluft ein geringfügig besseres Klima. Wie ein riesiger Sporn ragt er nach Norden und reicht mit seiner äußersten Spitze bis auf tausend Kilometer an Südamerika heran. Tatsächlich gilt die Gebirgskette der Antarktischen Halbinsel, die Höhen von bis zu 3.500 Meter erreicht, als Ausläufer der Anden. Ein untermeerischer Gebirgsrücken verbindet die beiden Kontinente miteinander. Die Antarktische Halbinsel ist weitgehend mit Eis bedeckt. Ihr Felssockel besteht vor allem aus Granit. Bisweilen ragen Klippen mehrere hundert Meter senkrecht aus dem Meer. In den Buchten und auf den vorgelagerten Inseln wachsen während des kurzen Sommers Pilze, Moose und Flechten, von denen es in der Antarktis immerhin 350 Arten gibt. Die heimische Fauna ist mikroskopisch klein und beschränkt sich auf Einzeller wie Rädertierchen sowie auf Würmer und Flöhe. Im Sommer jedoch werden die Buchten und Inseln von Pinguinen, Seehunden, Robben und riesigen Vogelscharen besucht, die im plankton- und fischreichen Wasser reichlich Nahrung für sich und ihren Nachwuchs finden. Außer den Kaiserpinguinen verlassen diese Tiere mit Einbruch des Winters das Festland. Entlang der Halbinsel haben einige Nationen Forschungsstationen errichtet, die sich der Flora, Fauna und Geologie der Antarktis sowie metereologischen Untersuchungen widmen. Neben wissenschaftlichen Interessen sollen sie allerdings auch Gebietsansprüche der Länder bekunden.

PATAGONIEN

Patagonien, das zweimal so groß ist wie Deutschland, aber nur von einer Million Menschen bewohnt wird, läßt sich grob in drei landschaftliche Formationen teilen. Sie laufen in nordsüdlicher Richtung parallel zu einander. Das Schichtstufenland der Hochebenen im Zentrum liefert das Bild, das man gemeinhin mit der Bezeichnung Patagonien verbindet: die endlose Weite einer flachen, spärlich bewachsenen, trockenen, windumtosten Pampa. An seinen Rändern hingegen überrascht das Land durch seine Vielfalt – und Extreme. Der Osten ist geprägt von der weitgeschwungenen Küstenlinie mit ihren zahlreichen Buchten, der Westen von den hohen, teils stark zerklüfteten Ausläufern der Anden, zu deren Füßen sich eine waldreiche Seenlandschaft ausdehnt. Die auffälligsten Gipfel, der 3.441 Meter hohe, wild gezackte Cerro Fitz Roy, und sein Nachbar, der 3.128 Meter hohe, schmale und spitze Cerro Torre, steigen fast senkrecht aus der Trockensteppe auf. Umgeben sind sie von mächtigen Eiskappen, deren Auslaßgletscher in die Seen der Umgebung kalben, etwa dem Lago Argentino, in den der Upsala-Gletscher fast pausenlos riesige Eisberge wirft. Um den noch eindrucksvolleren Gletscher Perito Moreno wurde einige hundert Kilometer nördlich ein eigener Nationalpark eingerichtet. An der Küste zählt die Halbinsel Valdéz zu den faszinierendsten Orten. Da in ihren großen Buchten nördlich und südlich der schmalen Landverbindung ein eigenes, freundliches Mikroklima herrscht, finden sich hier auf kleinem Raum große Kolonien von Seelöwen, See-Elefanten und Pinguinen. Außerdem haben sich Seeschwalben, Möwen und Kormorane, aber auch Tauben und Flamingos angesiedelt. In den Küstengewässern vor der Halbinsel paaren sich zwischen September und Februar Orcas und Südkaperwale.

NEUFUNDLAND

„The Rock" nennen die Neufundländer bescheiden ihr Land, das gemeinsam mit der 1927 zur Provinz hinzugekommenen Insel Labrador immerhin der Fläche Deutschlands entspricht. Geologisch betrachtet ist dieser „Felsen" das Bindeglied zwischen ehemaligen Gebirgen in Nordamerika und Europa, die im Laufe der Jahrmillionen eingeebnet wurden und durch die Plattenverschiebung auseinanderrückten. Über den flachen Neufundland-Bänken treffen der kalte Labradorstrom und der warme Golfstrom aufeinander, wodurch soviele Nährstoffe aufgewirbelt werden, daß es vor der Küste zu einem geradezu sagenhaften Fischreichtum kam. Seit dem sechzehnten Jahrhundert allerdings sorgen Fischer aus Europa, später aus Kanada, dafür, daß die Schwärme erheblich dezimiert wurden. Daß hügelige Land ist spärlich und fast nur entlang der Küste besiedelt. Um sich vom Image der kalten und nassen, fast arktischen Region zu befreien, machte Neufundland bei Gelegenheit in einer Touristenbroschüre darauf aufmerksam, daß es „mehr im Westen als im Norden" liege – tatsächlich liegt die Hauptstadt St. John's um einiges südlicher als Paris.

NAMIB WÜSTE

Die Wüste Namib erstreckt sich über mehr als anderthalbtausend Kilometer parallel zum Meer und damit über die nördliche wie südliche Landesgrenze Namibias hinaus. Breit hingegen ist sie nur zwischen 80 und 120 Kilometer. Der südliche Teil wird wegen der vom Wind geschaffenen Hohlformen Wannen-Namib genannt. Die nördliche Flächen-Namib ist von felsigen Rumpfflächen geprägt. Dazwischen liegt die Dünen-Namib, deren weite, elegant geformte Sandflächen am Sossous Vlei zu den höchsten Dünen der Welt zählen. Sie erreichen bis zu 350 Meter, sitzen allerdings auf einem Kern aus Sandstein. Am Sossous Vlei, einer weiten Ton-Pfanne, endet das Tsauchabrivier, eine von zahlreichen Bächen geschaffene Senke. In besonders regenreichen Jahren bildet sich hier mitunter ein See. Darauf freilich kann sich selbst die anspruchslose Flora der Region nicht verlassen. Sie entzieht dem Nebel, der nachts vom Meer her über die Wüste zieht, die benötigte Feuchtigkeit.

NIAGARA FÄLLE

Gerade 32 Kilometer ist der Niagara River lang, der Grenzfluß zwischen Kanada und den Vereinigten Staaten und zugleich die Verbindung zwischen dem Eriesee und dem Ontariosee. Doch er überwindet auf dieser kurzen Strecke ein Gefälle von fast einhundert Metern, was in seinem Verlauf zu zahlreichen Stromschnellen führt. Die größte Stufe freilich nimmt er an den Niagara Fällen. Dort stürzt das Wasser 55 Meter über eine steile Klippe in die Tiefe. Eine kleine Insel, Goat Island, teilt die Wassermassen direkt an der Abbruchkante. Die größeren Kanadischen Fälle sind wie ein Hufeisen geformt. An der Kammlinie mißt die Felswand 640 Meter. Die kleineren, geraden Amerikanischen Fälle sind 328 Meter breit.

Noch vor 75.000 Jahren hat der Niagara Fall vermutlich direkt an der Uferlinie des Ontariosees gelegen. Doch die Wassermassen spülen soviel Gestein von der Felskante fort, daß diese bis zu sechs Zentimeter im Jahr zurückweicht. In etwa 400.000 Jahren werden die Fälle deshalb vermutlich den Eriesee erreicht haben. Obwohl seit 1951 fast die Hälfte des Niagara River zur Energiegewinnung abgezapft wird, ergießen sich noch immer pro Sekunde knapp drei Millionen Liter Wasser in die Schlucht. Die Niagarafälle lassen sich von vielen Punkten aus betrachten. Rund um das spektakuläre Naturschauspiel wurden zahlreiche Aussichtsterrassen und Aussichtstürme gebaut, zudem führen Stege direkt zum Wasser. Außerdem werden Bootsfahrten in die Schlucht und Hubschrauberflüge über die Klippe angeboten. Nur ein Spaziergang in die ausgewaschenen Höhlungen hinter dem tosenden Wasservorhang ist nicht mehr möglich. Nachdem im Jahr 1927 herabstürzende Felsen eine Besuchergruppe unter sich begruben, wurde der Weg gesperrt.

ROCKY MOUNTAINS

Die Rocky Mountains sind der Hauptgebirgszug des nordamerikanischen Kontinents und wiederum Teil der Kordilleren, die bis Feuerland hinunterreichen. Über knapp 5.000 Kilometer ziehen sie sich von Alaska bis in den südlichen Teil New Mexicos. Dabei bilden sie auf einem großen Teil ihrer Länge die kontinentale Wasserscheide, von der aus die Flüsse in den Pazifik, den Atlantik oder das Polarmeer fließen. Die Rocky Mountains entstanden erst vor 60 Millionen Jahren, als die nordamerikanische Festlandplatte und die Pazifische Platte kollidierten. Die höchsten Gipfel liegen im Norden und Süden der Bergkette. Dafür zeigt sie sich in ihrem Zentrum, in Kanada, am zerklüftetsten. Um die eindrucksvollsten Gipfel wurden in den kanadischen Provinzen Alberta und British Columbia der Jasper National Park sowie der Banff National Park mit einer Gesamtfläche von mehr als 17.500 Quadratkilometern eingerichtet. Außerdem schließen sich die kleineren Nationalparks Yoho, Waterton Lakes und Kootenay an. Im Zentrum der kanadischen Rocky Mountains und im Mittelpunkt der Nationalparks liegt das 250 Quadratkilometer große Columbia Icefield. Es ist der spärliche Rest des Eispanzers, der vor 10.000 Jahren fast ganz Kanada bedeckte und nicht unerheblich die heutige Form der Rocky Mountains bestimmte. An manchen Stellen ist das Eis bis zu 750 Meter dick. Durch die langsame Bewegung talwärts, graben die Ausläufer des Eisfelds noch immer tiefe Täler in das Gestein. An ihren Enden bilden sich türkis schimmernde Gletscherseen, etwa der Lake Moraine, Peyto Lake und der Lake Louise.

In der hochalpinen Wildnis der beiden Nationalparks haben das Dickhornschaf und die Schneeziege einen sicheren Zufluchtsort gefunden. In tieferen Lagen trifft man auf Elche und die kaum kleineren Wapiti Hirsche. Besonders im Winter scheuen sich diese Tiere nicht, die Städte in den Tälern aufzusuchen. Da ihnen im Nationalpark Vorfahrt gewährt wird, kommt es besonders in Banff immer wieder zu Staus, weil dort die Tiere gedankenverloren die Straße entlang wandernden.

GRAND CANYON

Im Norden des amerikanischen Bundesstaats Arizona hat der Colorado River auf einer Länge von 350 Kilometern die 1.600 Meter tiefe und bis zu 29 Kilometer breite Schlucht des Grand Canyon in das etwa 2.500 Meter über dem Meer gelegene Kaibabplateau gefressen und so das Innere der Erde nach außen gekehrt. Kaum irgendwo tritt die Erdgeschichte offener zu Tage. Dabei sorgen die unterschiedlichen Gesteinsarten nicht nur für eine überraschende Vielfalt der Farben – der Kalkstein ist weißgrau, der Sandstein weiß, hellrot und braun, der Schiefer rot, braun und rostfarben, der Granit schließlich rot und grau. Die verschieden harten Gesteine widersetzten sich auch unterschiedlich erfolgreich der Erosion, woraus sich die abwechslungsreichen und immer wieder überraschenden Formen der Felsen erklären. Die Kalk- und Sandsteine etwa wittern als schroffe Steilhänge aus; bei den Schieferschichten hingegen bilden sich Hangverflachungen. Während Geologen hier eine steinerne Chronik finden, die Schicht für Schicht bis zum zwei Milliarden Jahre alten Granit hinunterreicht, kann der Laie angesichts der Schlucht nur fassungslos staunen. Das war nicht immer so. Schon 1540 wurde der Grand Canyon von spanischen Konquistadoren entdeckt, von ihnen jedoch nicht als Naturwunder, sondern als Ausgeburt der Hölle und zugleich als Hindernis auf ihrer Reise verstanden. Erst 1771 stieg der erste Weiße in die Schlucht, der Franziskaner Mönch Francisco Garcés, der dem Fluß seiner roten, schlammigen Tönung wegen den Namen Colorado gab: der Gefärbte. Die erste Expedition auf einem Schiff durch den Canyon fand im Jahr 1869 statt. Geleitet wurde sie von John Wesley Powell. Er wird in Amerika noch heute als Nationalheld gefeiert. Die Erschließung des Grand Canyon als Touristenziel begann um 1880, und bereits 1901 wurde eine Bahnlinie zur Südkante eröffnet. Heute besuchen jedes Jahr mehrere Millionen Besucher den Nationalpark.

GUILIN

Die bizarren, zwischen 100 und 400 Meter hohen Türme und Kegel der Karstlandschaften Chinas sind kein seltenes Phänomen. In Guangxi sowie den benachbarten Provinzen Guizhou und Yunnan bedecken sie immerhin ein Gebiet von etwa 250.000 Quadratkilometern. Entstanden sind sie durch eine Jahrtausende währende Erosion des Muschelkalks, der sich ablagerte, als sich hier vor mehr als 300 Millionen Jahren noch ein Meer erstreckte. Dabei griff der Regen die Berge nicht nur von oben an, sondern spülte sie zudem von unten her aus, weshalb sich in fast jedem der Kegel eine Höhle findet. Der Boden unter den steilen Felsen ist karg und wird von den heftigen Monsunregen schnell bis auf das Gestein fortgeschwemmt. Dort wo sich in leichten Senken fruchtbarer Lehm sammelt, werden diese Parzellen von den Bauern für den Anbau von Reis und Feldfrüchten genutzt. Als der klassische Abschnitt der Karstlandschaft gilt das Tal des Li Flusses zwischen den beiden Städten Guilin und Yangshou.

MONO LAKE

Umgeben von den schneebedeckten Gipfeln der Sierra Nevada und den aschbraunen Hängen einiger Vulkane liegt der Mono Lake im Schnittpunkt der Extreme der kalifornischen Landschaft: der Berge und der Wüste. Schon aus der Ferne sieht man seine schneeweißen Tuff-Felsen aus dem Wasser und der Uferzone ragen. Sie sind der eine Grund, weshalb der Mono Lake zu einer der großen Sehenswürdigkeiten des amerikanischen Westens wurde. Der andere ist die große Zahl Vögel, die sich hier vom Frühjahr bis zum Herbst versammeln. Obwohl der Mono Lake dreimal so salzhaltig ist wie das Meer, ist er nicht tot. Im Wasser leben große Mengen von Algen, die winzigen Krebsen als Nahrung dienen. Von ihnen wiederum ernähren sich riesige Schwärme von Möwen. Bis zu 50.000 nisten hier im Sommer. Außerdem machen hier mehr als eine Million Zugvögel Rast. Sie leben von den Myriaden kleiner Salzwasserfliegen, die um das Ufer schwirren. Bei den Yokut Indianern heißen diese Insekten „Mono". Nach ihnen wurde der See benannt.

LA DIGUE

Mit nur 453 Quadratkilometern Land sind die Seychellen, nördlich von Madagaskar im Indischen Ozean gelegen, der kleinste afrikanische Staat. Die Fläche verteilt sich zudem auf 115 Inseln, die wiederum auf einem eine Million Quadratkilometer großem Meeresgebiet verstreut liegen. Knapp zwei Drittel der Inseln sind aus Korallenkalk entstanden, etwa vierzig bestehen aus Granit und anderem Tiefengestein. Ihr Alter wird auf 650 Millionen Jahre geschätzt. Die Farbe des Gesteins wechselt von Eiland zu Eiland. Während die Felsen auf Mahé, der Hauptinsel mit dem Regierungssitz Victoria, dunkelbraun und schwärzlichgrau getönt sind, schimmert der Granit auf Praslin und La Digue, den schönsten der Inseln, rosafarben. Vermutlich handelt es sich bei den Granitinseln um kleine Splitter des Urkontinents Gondwanaland. Obwohl die stark verwitterten Granitböden nur wenig Nährstoffe enthalten, sind die Inseln üppig bewachsen. Die Felsinseln ragen bis 905 Meter aus dem Wasser, die Korallenatolle dagegen kaum über den Meeresspiegel.

PARIA SANDHILLS

Trotz ihrer außergewöhnlichen Schönheit und Anmut blieben die Paria Sandhills bis heute kaum bekannt und wenig besucht. Auf halbem Weg zwischen Kanab und Page, im Grenzgebiet von Utah und Arizona, liegen sie mehr als zwei Marschstunden vom nächsten Parkplatz entfernt inmitten einer Traumwelt aus rotem Fels und gelber Wüste. Deutlicher als alle anderen Landschaften im Südwesten der Vereinigten Staaten zeigen sie, daß diese Region einst am Grund eines Meeres gelegen hat. In den runden Formen der dünnen, zerbrechlichen Schichtung seiner Felsen scheinen die urzeitlichen Wellen und Strömungen zu Stein geronnen. Als der amerikanische Präsident Bill Clinton im Spätsommer 1996 einen großen Teil dieses Landes zum Grand Staircase-Escalante National Monument erhob, zitierte er den Präsidenten Theodore Roosevelt mit eben jenen Worten, mit denen dieser fast achtzig Jahre zuvor den Grand Canyon zum Nationalpark erklärte: „Wir können ihn nicht verbessern. Alles, was wir tun können, ist ihn bewahren – für unsere Kinder, deren Kinder und alle, die folgen werden."

DANKSAGUNG

Allen, die bei diesem wunderbaren Projekt „Faszination Natur" mitgearbeitet und uns unterstützt haben, möchte ich auf diesem Wege danken. Zuerst meinem 2. Kameramann und Zeitrafferspezialisten Franz-Josef Recktenwald, der mir in all den Jahren half, dieses nicht immer einfache Projekt durchzustehen, und der mir heute wie damals tatkräftig zur Seite steht. Ein herzliches Dankeschön auch an Armin Auer, an Biserka Mestric, Charly Mutschler, Christa Garmeier, Christl Wohlschlager, Franz Müllegger für seinen Überblick, meinem Wüstenfuchs, Fotografen, Grafiker und Freund Günter Lenz, Helmut Steiner, meiner langjährigen Lichtbestimmerin Mary-Ann Oteman, Dr. Thomas Weymar, Wolfram Skowronnek, Wolf-D. Schoepe, Dr. E. Mielke, Brigitte Lenz, Martin Pentenrieder, Michael Otto, Norbert Rosing, der mit mir in der Arktis durch die Kälte ging, Konrad Wothe, Gerhard und Stephan Schütz, Paul Gindele, Zilly Zitzelsberger, Sepp Singer, der immer Rat wußte. Ein besonderer Dank gilt Walter Brus von Arri, der mir seine kostbare Zeit opferte, immer seine Hilfe anbot und mir die wichtigen, richtigen Entscheidungen leichter machte. „Thank you for your kind support" Dr. L. Kalter! Ein ganz großes Dankeschön meinem Meistermixer Max Rammler mit seinem 6-Kanal-Gehör und den virtuosen, magischen Fingern am Pult, wie auch meiner Geräuschespezialistin Magda Habernickel, die mit akribischer Genauigkeit die tausend Originalgeräusche an die richtigen Stellen setzte und dabei so manches neue Geräusch kennenlernte. Last but not least möchte ich mich bei allen Musikern ganz herzlich bedanken, speziell Makob Wegman und Claus Bräunlein, sowie Daniel Nazareth und dem Ensemble des Sinfonieorchesters des Mitteldeutschen Rundfunks. Ihr seid eine tolle Truppe. Ganz besonders und aus der Tiefe meines Herzens danke ich meinem grandiosen Komponisten Michael Hofmann de Boer und seiner bezaubernden Frau Babsi. Ohne Euch wäre dieses Werk nicht gelungen.

Thomas Laumanns und Norbert Wessels möchte ich für Ihren enormen Einsatz für dieses Buch danken.

Dieses wunderschöne Projekt wurde mit freundlicher Unterstützung der ARRI Cinetechnik, der Kodak AG Stuttgart, Geschäftsbereich Professional Motion Imaging, Andreas Meyer – Filou Camera-Moving-Systems, und der Agentur LaTerra Magica, in langjähriger hervorragender Zusammenarbeit realisiert.

Nicht zuletzt möchte ich diejenigen nennen, die mein Vorhaben von Anfang an durch ihre Mithilfe und Sponsorings gefördert und unterstützt haben.

Antarktis: Transocean Tours Touristik GmbH,
Bredenstraße 11, 28009 Bremen, Tel. 04 21-33 36-0

Argentinien: Sylvia & Sylvia, Calafate

Australien: Judy McClusky
Max Shephard – Quicksilver
Queensland Tourist & Travel Corporation,
Neuhauser Str. 27, 80331 München,
Tel. 0 89 / 2 60 96 93
Lauda Air

Brasilien: Carlos Perez Collores

Chile: Marco Antonio

China: Lee Wang Fu
Lauda Air

Kanada: Helga Mellin, Karl Heinz Limberg – Canadian Consulate,
Dr. Horst A. Schmidt – Government of Alberta,
George Bailey – Niagara Falls,
Lois McGrath – Tourismboard Neufundland
Marc & Fraser Carpenter,
Ralf-A. Kohl –
RSI Reise Service International – Düsseldorf,
The Lloyd Miller Family, Trinity, Neufundland

Arktis: North Star Tours, Mark Ingebrigtson; P.O.Box 520
Churchill, MB, Tel. 001-204675-2629
Canadian Airlines International; Canadian North;
Calm Air and First Air; Industry Canada Tourism
Manitoba; Government of the Northwest Territories, Okalik Enterprise-Rankin Inlet;
Canzeal Ltd.– Joane Frykas und Rob R. Bruce-Barron;
Steve Miller, Mike Reimer, Sheatie Tagak,
Edgar Bothello und Tony

Kenia: Bush Trucker Tours, Nairobi P.O.Box 24879,
Tel. 002542-891742, Fax 002542-890817
Monika Stange, Wolfgang Schreitl
Christl & Martin Westermair
Globetrotter München Tours-Safaris-Expeditions,
Münchner Str. 127a, 82008 Unterhaching,
Tel. 0 89 / 6 11 62 62

Namibia: Isabel Siegrist, Ministry of Wildlife & Tourism
Fremdenverkehrsamt von Namibia, Im Atzelnest 3,
61352 Bad Homburg, Tel. 0 61 72 / 40 66 50
Stefan Brückner Namib Rand privat Game Reserve
Wing-In Safaris, P.O.Box 5048, Windhoek,
Tel. 00264-61-230616
West Air Aviation
Kessler Car Hire, P.O.Box 20274, 72 Talstreet,
Windhoek, Tel. 00264-61-224551
Janine Ebenau
Air Namibia
Sunset Energietechnik GmbH,
Industriestraße 22, 91325 Adelsdorf

Neuseeland: Debbie Otley, Jo Downey, Steve Gibb, Alan Beck,
Robert Fleming, Mark Ferris, The McGrother Family, Mike Howse
Fremdenverkehrsamt von Neuseeland,
Friedrichstr. 10-12, 60323 Frankfurt,
Tel. 0 69 / 97 12 11-0, Fax 0 69 / 97 12 11-13

Seychellen: Edith Hunzinger
Fremdenverkehrsamt der Seychellen,
Hochstraße 15, 60313 Frankfurt, Tel. 0 69 / 29 20 64,
Fax 0 69 / 29 62 30
Dream Tours Touristic GmbH,
Schachenwaldstr. 28a, 63456 Hanau,
Tel. 0 61 81 / 6 35 35

South Africa: Birgit Ahrens, Lionel Pead
Tanta Tula Lodge

Tahiti: David Nordquist
Bora Bora Lagoon Resort
Fremdenverkehrsamt Tahiti Bad Homburg

Türkei: Selim Kartal, Kaya Camping
Sherife, Pamukkale
Autocamp-Dachzelte, Jürgen Grohmann,
Tel. 0 89 / 8 50 60 88
Seetours International GmbH & Co., Seilerstr. 23,
60313 Frankfurt
Türkische Informationsbüros: Baseler Str. 37,
60329 Frankfurt, Tel. 0 69 / 23 30 81

Uganda: S.T. Bigombe, Tourism Department
Trudy Grupp, Irmi Müller
Sabena

USA: Hanna & Franz Rotter Quality Inn Hotel
Grand Canyon, Tel. 1-800-221-222
ARA Leisure Services Dick Kemp, Steve F. Ward
Key Long – Monument Valley
USTTA-Fremdenverkehrsamt der USA,
Gert Lindenau, Elisabeth Powell, Platenstraße 1,
60320 Frankfurt, Tel. 0 69 / 95 67 90 17
Tag A Long Tours, Moab
Gail Gaylor, Lake Powell Jeep Tours, Page AZ,
Tel. 001-520-645-5501, Fax 3155
KOA Kampground of America
Nationalpark-Service US Department of the Interior

Gogol Lobmayr (Jahrgang 1950) hat Architektur studiert, bevor er Ende der siebziger Jahre eher zufällig zum Film kam. Zunächst war er beim Bayerischen Rundfunk als Kameraassistent beschäftigt. Schon 1982 aber gründete er eine eigene Produktionsfirma, für die er im Laufe der kommenden Jahre mehr als fünfundzwanzig Reisefilme drehte. „Faszination Natur" ist sein erster abendfüllender Kinofilm – eine Arbeit, die den schönsten Orten der Erde gewidmet ist. Ohne ablenkenden Kommentar, nur unterlegt von der Musik Michael Hofmann de Boers, präsentiert Lobmayr geologische Wunderwelten und verzaubernde Begegnungen mit Tieren. So entstand eine Symphonie der Klänge und Bilder. Für den Film unternahm Lobmayr mit Geländewagen, Hubschraubern und Kleinflugzeugen, mit Schiffen, Booten und zu Fuß in mehr als fünf Jahren über vierzig Reisen durch alle Kontinente. Dieses Buch folgt den Etappen.

Freddy Langer (Jahrgang 1957) hat in Frankfurt und den Vereinigten Staaten Amerikanistik studiert. Seit 1989 ist er Redakteur im Reiseblatt der „Frankfurter Allgemeinen Zeitung", für das er sich vor allem um die abseits gelegenen Regionen der Welt kümmert. Er ist Autor unter anderem der Bücher „Amerikanische Nächte", „Canyons", „New Mexico – Land der Verzauberung" und „Unberührte Natur".

DIE FOTOGRAFEN

Auf seiner fünfjährigen Reise um den gesamten Globus begleiteten Gogol Lobmayr einige der weltbesten Fotografen, die mit ihren Bildern zum Entstehen dieses Buches beigetragen haben.

Günter Lenz, Jahrgang 1963, ist Reise- und Expeditionsfotograf. Aus seiner Arbeit entstanden einige Dia-Shows; etwa „Afrika – Eine Reise zu den Quellen des Nils" oder „Wildland Namibia". Am liebsten ist er in den entlegenen Zonen Afrikas unterwegs. Schon mehrmals hat er die Sahara durchquert und am Ruwenzori die Quellen des Nils besucht. Er begleitete Lobmayr bei fast allen Reisen durch den schwarzen Kontinent sowie nach China, in die Türkei und auf die Seychellen. Während spannender Wüstenabenteuer und dem Dschungel-Trek zu den größten Menschenaffen, den Berggorillas, entwickelte sich die Zusammenarbeit auch zu einer engen Freundschaft. Fotos: Seite 2, 5, 6, 8, 9, 12, 13, 34, 36-39, 46, 51, 52, 56, 58-61, 86, 88, 89, 120-125, 127, 150, 154, 155a, 162, 164-166, 167b,c 168, 169

Norbert Rosing, Jahrgang 1953, zählt zu den renommiertesten Naturfotografen Deutschlands. Unter seinen Veröffentlichungen findet sich unter anderem der Bildband „Polarbären". Rosing begleitete Lobmayr bei seinen Reisen in die Arktis. In der unendlichen Eiswüste beobachteten die beiden das überraschend rege Tierleben in dieser unwirtlichen Gegend, vor allem Eisbären und Wale. Stundenlang harrten sie bei Temperaturen von weniger als -20° C in der arktischen Tundra aus. Rosing lebt in Grafrath. Er ist Mitglied der Gesellschaft deutscher Tierfotografen. Fotos: Seite 7, 26, 27, 72, 75c, 76a,c, 77, 78, 79, Titelbild

Konrad Wothe, Jahrgang 1952, beschäftigt sich seit vielen Jahren mit der Naturfotografie. Seine Aufnahmen und Filme, zum Beispiel die Dokumentation „Urwaldgeister auf Madagaskar" wurden mehrfach prämiert. Lobmayr und Wothe lernten sich auf einer Reise in die Antarktis auf dem Kreuzfahrtschiff Columbus Caravelle kennen und beschlossen spontan dieses Buch und neue Projekte gemeinsam zu realisieren. Fotos: Seite 48, 49, 53, 54, 55, 71a, 76b, 80, 83, 85, 102, 104, 105, 106, 107, 108, 110-113, 114, 117, 119

Tom Till, Jahrgang 1952, lebt in Moab, Utah. Er hat von vielen Nationalparks der Vereinigten Staaten die schönsten Stellen mit der großen Plattenkamera festgehalten. Darüber hinaus bereiste er die ganze Welt, fotografierte für mehrere Bücher und besitzt mittlerweile eines der größten Bildarchive. Fotos: Seite 17, 25, 64/65, 142, 143, 145b, 146, 147, 152/153, 155b

Gary Ladd, Jahrgang 1946, lebt in Page, Arizona. Er ist ein Virtuose mit der 13 x 18 und 6 x 7 Kamera. Mehr als 300 Trips unternahm er alleine, um den Lake Powell in all seinen Stimmungen einzufangen. Seine Bilder erschienen in Omni, Readers Digest, National Geographic, TimeLife und vielen anderen Büchern und Magazinen. Fotos: Seite 22, 90, 96, 99, 100/101, 140, 144, 148/149, 170, 172, 174b

Reinhard Mesch, Jahrgang 1963, Tauchlehrer und Unterwasserfotograf aus Berg bei München. Er fotografierte für Gogol Lobmayr die faszinierende Unterwasserwelt des Great Barrier Reefs und die Rocky Mountains. Seine Aufnahmen werden immer wieder in Taucherzeitschriften publiziert. Daß er auch über Wasser mit der Kamera umzugehen versteht, belegen seine Bilder der gigantischen Berglandschaft Kanadas. Fotos: Seite 28, 30-33, 82, 84, 92a, 93, 132, 134-139

Jörg Cassardelli, Jahrgang 1959, studierte Fototechnik in Köln. Auf seinen zahlreichen Reisen nach Neuseeland und Irland entwickelte er sich zum wahren Maler mit der Kamera. Zur Meisterschaft hat er es mit der Panoramakamera gebracht. Cassardelli wuchs in Berlin auf. Heute lebt er abwechselnd in München und am anderen Ende der Welt. Fotos: Seite 14, 16, 18/19, 21

Anselm Spring, Jahrgang 1943, in Landshut geboren, entdeckte seine Neigung zur Fotografie, während er Dolmetscher für die Bundeswehr in den USA war. Er fotografierte vielbeachtete Bildgeschichten für GEO, Stern, das FAZ-Magazin und ca. 50 Bildbände. Fotos: Seite 20, 44, 45, 94/95, 156, 158, 159, 161, 167a, 174a

Einzelbeiträge für dieses außergewöhnliche Projekt lieferten:
Fritz Pölking, Foto: Seite 50
Flip Niklin/SAVE, Foto: Seite 75a
Will Kuni, Foto: Seite 92b
Gail Gayior, Foto: Seite 93
Dr. Hermann Brehm, Foto: Seite 126
Andre Gallant, Foto: Seite 128, 131
Alfred Vollmer, Fotos: Seite 130

Alle übrigen Fotos sind von Film Production Gogol Lobmayr sowie Franz-J. Recktenwald.
Fotos: Seite 10, 11, 24, 40, 42, 43, 62, 66, 67, 68, 70, 71b, 74, 75b, 98, 116, 118, 145a, 160, 173, 175, 176/177,

Dieser Bildband zeigt eine Auswahl aus dem vielfältigen Bildarchiv von Peppermint Pictures, Augustenstr. 115, 80798 München,
Tel. 0 89/52 92 90, Fax 0 89/54 27 72 45
http://4D-Interactive.com/Peppermint

Filmszenen aus „Faszination Natur" sowie aus der ganzen Welt, auf 35 mm Film oder Video über:
Modern Video Library, Baumreute 104, 70199 Stuttgart
Tel: 07 11/62 80 99, Fax 07 11/6 40 02 89

Der Kinofilm im Weltvertrieb – Cinepool/Telepool

☎ Infotelefon: La Terra Magica 0 89/91 40 02 und
Filmproduction Gogol Lobmayr 0 89/91 07 26 66

Weitere Bildbände aus dem Tecklenborg Verlag

Erstmalig wird mit diesem großformatigen Bildband das Leben der vom Aussterben bedrohten Königstiger in Wort und Bild vielfältig dokumentiert. Die profunden Indienkenner Gertrud und Helmut Denzau haben über den Zeitraum von 15 Jahren immer wieder das Land besucht und das Leben der Tiger mit großer Aufmerksamkeit verfolgt. Neben einer Vielzahl spektakulärer und einmaliger Fotografien verstehen es die Autoren, die magische Ausstrahlungskraft und Schönheit dieser Tiere zu vermitteln, ohne dabei die engen kulturellen Verknüpfungen zwischen den Menschen und den Tigern zu vernachlässigen. Ein Dokument aus erster Hand.

Gertrud und Helmut Denzau
Königstiger
Im Banne der Indischen Wildnis
152 Seiten, 154 Farbbilder
Gebunden, 31 x 24 cm
DM 88,-
ISBN 3-924044-24-4

Der Wolf, bewundert und gefürchtet - aber nur wenige kennen dieses Tier wirklich. Jim Brandenburg, ein Meister der Fotografie, schafft es mit seinen kraftvollen Bildern und einer hingebungsvollen Erzählkunst, uns zurückzuversetzen zu den Anfängen, als Mensch und Wolf noch „Partner"

im Kampf ums Überleben waren. Wir erfahren etwas über die Ursprünge von Haß und Verfolgung dieses Tieres. Nur einem Autor und Fotografen wie Jim Brandenburg konnte es mit seiner ausgeprägten Sensibilität gelingen, die Wahlverwandtschaft zwischen Wolf und Mensch so beeindruckend aufzuzeichnen und unsere bisherigen Vorstellungen über den Wolf zurechtzurücken.

Jim Brandenburg
Bruder Wolf
Das vergessene Versprechen
Aus dem Amerikanischen
160 Seiten, 140 Farbbilder
Gebunden, 32,5 x 24 cm
DM 88,-
ISBN 3-924044-23-6

Die Mündung des Okawangos im Norden Botswanas ist das größte Binnendelta der Welt. Wenn einmal im Jahr der Okawango Hochwasser führt, werden die umliegenden Sumpfgebiete überflutet und junges Grün verzaubert die Landschaft. Frans Lanting dokumentiert in 132 Fotos, wie unzählige Tiere auf der Suche nach dem kostbaren Naß dieses einmalige Ökosystem zu neuem Leben erwecken. Mit ihm erleben wir die letzten großen Elefantenherden, die es auf dem Afrikanischen Kontinent noch gibt. Aufnahmen von Nilpferden, Giraffen, den großen Raubkatzen und einer Vielzahl verschiedener Tierarten vervollständigen Lantings einmalige Dokumentation. „Okawango" zeigt, was im Bereich der Tier- und Naturfotografie alles möglich ist.

Frans Lanting
OKAWANGO
Afrikas letztes Paradies
Aus dem Amerikanischen
168 Seiten, 132 Farbbilder
Leinen-Gebunden,
29,8 x 27,3 cm
DM 98,-
ISBN 3-924044-15-5

Die Gesellschaft Deutscher Tierfotografen e.V. präsentiert erstmals seit ihrem Bestehen mit diesem Bildband die besten Fotografien, die von den Meisterfotografen der GDT mit der Kamera eingefangen wurden. Folgen Sie auf über 200 Seiten den Unermüdlichen auf ihren Reisen in die Stille der unendlichen Arktis, in das ewige Grün der Urwälder, in die weiten Tundren des hohen Nordens und des Ostens, ins heimatliche Revier oder einfach in den heimischen Garten. In dieser Galerie beeindruckender Fotos erfährt der Leser auch etwas über technische Mittel und Hintergründe der Fotografien. In erster Linie aber ist das Werk ein echter Augenschmaus für jeden, der die Schönheit und stille Vollkommenheit der Natur erleben möchte.

Klaus Nigge/GDT
Natur Bilder
25 Jahre Gesellschaft
Deutscher Tierfotografen e.V.
224 Seiten, 300 Farbbilder
Gebunden, 24 x 30 cm
DM 112,-
ISBN 3-924044-20-1